Grüß Gott!

Alcmona, das liebliche, langsam fließende Wasser, nannten die Kelten die Altmühl. Und bis heute charakterisiert dies hervorragend den Fluss. Von ihrem Ursprung im Hornauer Weiher bis zur Mündung in die Donau überwindet die Altmühl auf ca. 225 km lediglich einen Höhenunterschied von 120 m. Sie fließt in großen Schleifen zunächst als Bach, dann als stiller Fluss durch eine friedliche Landschaft.

IMMER AM FLUSS ENTLANG

Ideale Voraussetzungen für Radfahrer, Wanderer und Paddler also. Offiziell startet der Altmühltalradweg in Rothenburg ob der Tauber – daher beginnt dort auch dieser DuMont Bildatlas. Paddler steigen weiter flussabwärts ein: Zwischen Gunzenhausen und Kelheim ist die Altmühl mit dem Boot befahrbar (S. 95). Und Wanderer? Der Altmühltal-Panoramaweg führt in 15 Etappen über 200 km von Gunzenhausen bis Kelheim. Wenn Sie mit geringeren Distanzen beginnen wollen, lege ich Ihnen den Mühlenweg ans Herz. Barbara Rusch hat ihn für Sie getestet und war begeistert (S. 59).

ENTSCHLEUNIGUNG UND GENUSS

Ideen für Entspannung und Wellness oder einfach »Balsam für die Seele« haben wir als »Unsere Favoriten« für Sie zusammengetragen (S. 22). Ob Sie an einem Meditationskurs im Kloster Dietfurt teilnehmen, ein Bierbad in der Therme genießen oder aber schlicht Wasser treten – bei allen Aktivitäten werden Sie die Hektik des Alltags hinter sich lassen: Gönnen Sie sich eine Auszeit an der Altmühl.
Herzlich

Ihre
Birgit Borowski

Birgit Borowski
Redaktion DuMont Bildatlas

Barbara Rusch, studierte Ethnologin und Reisejournalistin, kennt das Altmühltal seit ihrer Kindheit. Fotograf Ernst Wrba hat besonders die Begegnung mit dem letzten Donaufischer beeindruckt.

96

Im Unteren Altmühltal verstärkt die Donau die Flussidylle.

Altes Brauhandwerk trifft moderne Kunst: Hundertwasser-Turm der Brauerei Kuchlbauer in Abensberg.

Die Fürstbischöfe sorgten für barocke Pracht in ihrer Residenz Eichstätt.

55

76

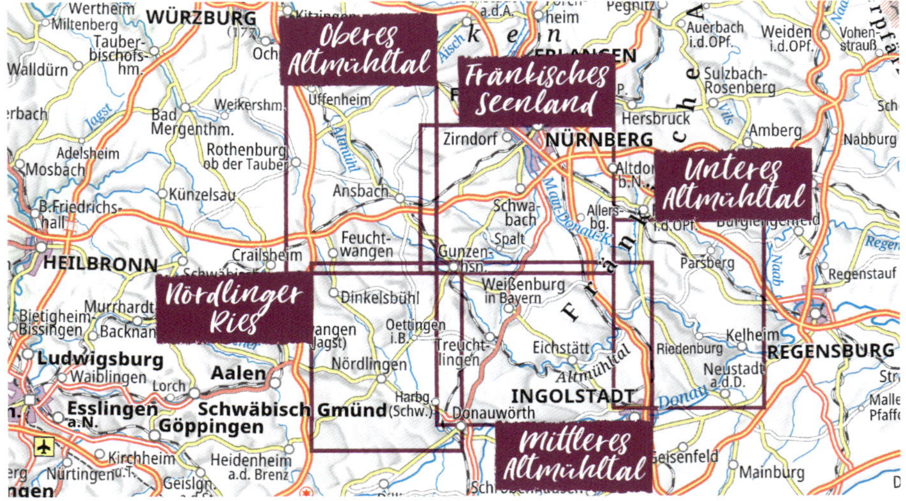

33

Tage der Lebensfreude: die Rokoko-Festspiele in Ansbach

Impressionen

8 Eine vielfältige Region: feine Städte, prunkvolle Schlösser, berühmte Klöster, dazu Kletterfelsen und die Romantik von Flusslandschaft und Schafherden

Oberes Altmühltal

24 **IMMER MIT DER RUHE**
Zwischen Besuchermagnet Rothenburg ob der Tauber und dem quirligen Ansbach schlängelt sich die junge Altmühl durch eine sanfte Landschaft.

ZUR SACHE
34 **FORTSCHRITT MITTEN IM ZENTRUM**
Zur Idylle von Stadt und Land gehört auch eine topmoderne, wirtschaftlich gut aufgestellte Region.

38 **STRASSENKARTE | INFOS | JA NATÜRLICH**

Fränkisches Seenland

42 **VERGNÜGEN AM WASSER**
Rund um die Altmühlseen schlägt die große Stunde der Wassersportler und Naturfreunde.

ZUR SACHE
52 **IM HOPFENLAND**
Das Spalter Land ist eine Hochburg des Hopfenanbaus – und die gesamte Region steht für Biergenuss.

56 **STRASSENKARTE | INFOS | JA NATÜRLICH**

Unsere Favoriten

Balsam für die Seele
Mehr als Wellness – die besten Tipps zur Entschleunigung

Erlebnis Erdgeschichte
Die schönsten Urzeitziele für Fans von Fossilien, Meteoriten und Tropfsteinen

Feiern mit Flair
Römer, Ritter, Rokoko: Diese Feste sind bunt, gesellig und stimmungsfroh.

Nördlinger Ries

60 **IM KRATERKREIS**
Wo ein Meteoriteneinschlag die Landschaft formte, liegt heute das bildschöne Nördlingen, umgeben von blumenbunten Wiesen und fruchtbaren Äckern. Mit Maria Brünnlein zu Wemding besitzt das Ries eine der bedeutendsten Wallfahrtskirchen Bayerns.

72 **STRASSENKARTE | INFOS | JA NATÜRLICH**

Mittleres Altmühltal

76 **AUF SCHATZSUCHE**
Zwischen Weißenburg und Beilngries tummeln sich Kanufahrer und Sammler, die in Solnhofen auf Fossiliensuche gehen. Eichstätts barocke Pracht rundet den Besuch ab.

ZUR SACHE
88 **NUR OBERFLÄCHLICH SCHÖN?**
Der Main-Donau-Kanal hat zwar auch Biotope geschaffen, vor allem aber Wunden geschlagen.

92 **STRASSENKARTE | INFOS | JA NATÜRLICH**

Unteres Altmühltal

96 **EIN GRANDIOSES FINALE**
Gesäumt von mittelalterlichen Burgen strömt die Altmühl ihrem Ziel zu. An der Weltenburger Enge hat die Donau ihren großen Auftritt.

ZUR SACHE
108 **TRADITIONALISTEN VOM FEINSTEN**
Imkerinnen, Kräutersammler, Schäfer und der letzte Donaufischer leben mit und in der Natur. Kulinarisch schlägt sich das in vielen regional hergestellten Produkten nieder.

110 **STRASSENKARTE | INFOS | JA NATÜRLICH**

Anhang

116 **HILFREICH & NÜTZLICH**
120 **URLAUB ERINNERN**
122 **REGISTER, IMPRESSUM**

Das Beste erleben

Berührend, aufregend, spannend sind unsere Ideen, die wir für Ihren Aufenthalt im Altmühltal zusammengetragen haben.

Städtische Pracht

1

ROTHENBURG OB DER TAUBER

Die alte Reichsstadt ist der Inbegriff der Romantik – und ein Besuchermagnet.

Seite 39

2

ANSBACH

Die Altstadt mit der Rokoko-Residenz zeigt das Gesicht einer markgräflichen Hauptstadt des 18. Jahrhunderts.

Seite 40

3

NÖRDLINGEN

Den mittelalterlichen Kern der Riesstadt kann man vollständig auf der Stadtmauer umrunden.

Seite 73

4

NEUBURG AN DER DONAU

Patrizierhäuser und ein prächtiges Schloss bezaubern mit Barock- und Renaissance-Architektur.

Seite 94

Streng katholisch

5

WEMDING

Maria Brünnlein gehört zu den bedeutendsten Wallfahrtsorten Bayerns.

Seite 75

6

EICHSTÄTT

In die Hauptstadt des Altmühltals brachten die Fürstbischöfe barocken Glanz. Heute sorgt die Universität für frischen Wind.

Seite 94

Spannende Vergangenheit

*** 7 ***

RÖMERMUSEUM WEISSENBURG

Das Museum hütet Schätze zum Anfassen; im Kastell Biricana geht die Zeitreise am Limes weiter.

Seite 93

*** 8 ***

SOLNHOFER HOBBYSTEINBRUCH

Wer auf Fossiliensuche gehen möchte, kann hier mit Hammer und Meißel sein Glück probieren.

Seite 94

*** 9 ***

DINOSAURIER MUSEUM ALTMÜHLTAL

Zum „Jurassic Park" von Denkendorf gehört auch das mächtige Skelett von T-Rex „Rocky".

Seite 95

*** 10 ***

BURG PRUNN

In der rund 1000 Jahre alten Bilderbuchburg können nicht nur Kinder das Ritterleben hautnah kennenlernen.

Seite 112

Wunderbare Natur

*** 11 ***

VOGELINSEL IM ALTMÜHLSEE

In dem malerischen Naturschutzgebiet ist der Seeadler der König; in seinem Reich leben mehr als 300 Vogelarten.

Seite 57

*** 12 ***

GUNGOLDINGER WACHOLDERHEIDE

Hier halten Schafe und Ziegen die Flächen für Orchideen, Enziane und Silberdisteln frei.

Seite 95

*** 13 ***

DONAUDURCHBRUCH

An der Weltenburger Enge zwängt sich die Donau zwischen rund 80 Meter hohe Felswände. Gleich anbei: Kloster Weltenburg

Seite 113

AM LIEBLICHEN FLUSS

Alcmona, das „liebliche, langsam fließende" Wasser, nannten die Kelten die Altmühl. Auf seinem Weg von der Frankenhöhe zur Donau schlängelt sich der Fluss gemächlich durch traumschöne Landschaften. Kurz bevor er die Donau erreicht, ist er – wie hier bei Eggersberg – zugleich Teil des Main-Donau-Kanals.

GEWACHSENE KULTURLANDSCHAFT

Trockenrasen und Wacholderheiden an der Altmühl sind alte Kulturlandschaften und zählen zu den artenreichsten Lebensräumen Europas. Seit Jahrhunderten lassen Schäfer dort ihre Herden weiden, wie hier bei Eichstätt. Dank der Schafe und Ziegen verbuschen die Gebiete nicht, sondern bieten Platz für Licht liebende Pflanzen und eine Vielzahl an Insekten.

MARIEN-APOTHEK

ROMANTISCHE ZEITZEUGEN

Oben auf der Frankenhöhe plätschert die idyllische Altmühlquelle, gleich unterhalb entführt das romantische Rothenburg ob der Tauber rund um Herterichsbrunnen und das gotische Rathaus auf eine Zeitreise ins Mittelalter.

GELD, MACHT UND KUNST

Den Prunksaal von Schloss Ratibor in Roth ließ der Fabrikant Wilhelm von Stieber kurz vor 1900 im Stil der Renaissance ausgestalten. Der Bauherr steht in einer langen Reihe Reicher und Mächtiger, die architektonische Visionen verwirklichten.

ATQVE IBI INTERDIV QVIDEM TEXEBAT MAGNAM TELAM
PENELOPE SE LAVANS

ABENTEUER AM FLUSS

Das Altmühltal ist das Revier von genusspaddelnden Kanuten, von Wanderern und Radfahrern, die auf angenehmen Wegen unterwegs sind, und von Kletterern, die ihre Grenzen ausloten, wie hier am berühmten Burgsteinfelsen bei Dollnstein.

NEANDERTALER, KELTEN UND CHRISTEN

Wo Altmühl und Donau aufeinander zu fließen, lebten Neandertaler und vor 7000 Jahren Ackerbauern, verhütteten Kelten Eisen und bauten Römer Kastelle. Direkt am Donaudurchbruch bei Weltenburg steht seit rund 1400 Jahren das gleichnamige Kloster. Bayerns älteste Abtei besitzt zugleich die älteste aktive Klosterbrauerei der Welt.

Alma -Viktor

WASSER VERBINDET

Eine Wasserstraße vom Schwarzen Meer zur Nordsee – diesen uralten Traum erfüllt der Main-Donau-Kanal seit 1992. Einen ersten Anlauf unternahm Karl der Große mit der Fossa Carolina. Gut tausend Jahre später führte der Ludwig-Main-Donau-Kanal über die große Wasserscheide. Heute ist er aufgelassen, doch auf dem alten Treidelschiff Alma Viktoria kann man bei Berching noch immer gemütlich auf dem „Alten Kanal" schippern.

Die besten Tipps zur Entschleunigung

BALSAM FÜR DIE SEELE

Die gemächliche Altmühl macht es vor: Langsamkeit tut gut und führt zum Ziel. Ob man seine Kreativität pflegt, spirituell die Hektik des Alltags hinter sich lässt oder mit der Kraft des Wassers kurze Auszeiten nimmt – das Angebot ist breit und vielfältig.

1 Bierbad in der Therme

10 000 Jahre alt ist das gesunde, mineralreiche Thermalwasser, das aus 800 Meter Tiefe in die Becken der Altmühltherme sprudelt. Mit einer Wasserfläche von über 3200 Quadratmetern zählt sie zu den größten Thermalbädern in Deutschland. Hier kann man ab- und eintauchen, Bahnen ziehen, Salzluft schnuppern, sich massieren lassen und – typisch Altmühltal – ein hautpflegendes Bierbad nehmen (tgl. 9.00–21.00 Uhr).

Altmühltherme Treuchtlingen, Bürgermeister-Döbler-Allee 12, 91757 Treuchtlingen, Tel. 09142 9 60 20, www.altmuehltherme.de

2 Ruhe und Stille finden

Wenn man das Meditationshaus des Franziskanerklosters aus dem 17. Jahrhundert betritt, wird die Stille mit beiden Händen greifbar. Ruhe senkt sich herab, und man möchte eigentlich nur noch dasitzen und auf den Zen-Garten schauen. „Möge dies ein Ort sein, wo die Menschen unserer Zeit finden, was sie so sehr suchen: Stille, Verinnerlichung, Gott!" So steht es auf dem Pergament, das bei der Grundsteinlegung eingemauert wurde. Seit 1977 wird hier die Idee von Pater Hugo Makibi Enomiya Lassalle SJ (1898–1990) verwirklicht, in einem christlichen Kloster Zen-Meditation mit dem christlichen Glauben zu vereinen. Seitdem haben Tausende an den Kursen teilgenommen, neben Meditation auch in Ikebana, Qi Gong, Tai-Chi-Chuan, Sakralem Tanz, Musikmeditation oder Nuad Phaen Boran, einer traditionellen Form der Thai-Massage.

Franziskanerkloster Dietfurt, Klostergasse 8, 92345 Dietfurt, Tel. 08464 65 20, www.meditationshaus-dietfurt.de

3 Wasser treten

Wasser erfrischt, tut gut und kann heilen – Pfarrer Kneipp hat diese Erkenntnis in seiner Hydrotherapie umgesetzt. Unterwegs im Altmühltal laden häufig Kneippanlagen, Becken und Bäche zum Wassertreten ein, zum Beispiel in Herrieden, Kelheim, Wolframs-Eschenbach oder Riedenburg. In Dietfurt kann man gleich neben dem Barfußpark in der Stadtlaber die Kraft des Wassers spüren.

Barfußpark an der Stadtlaber, Labergasse, 92345 Dietfurt, www.dietfurt.de

4 Kreativität pur

Seit rund 40 Jahren veranstaltet Neuburg im Juli und August die Sommerakademie. Das Programm richtet sich an Anfänger ebenso wie Profis und reicht von Bildender Kunst mit Malerei, Zeichnen, Bildhauerei über Tanz bis zur Musik mit Jazz und Pop, Klassik und Alter Musik. Spezielle Kurse für Kinder und Jugendliche bieten einen Einstieg in die Welt der Kunst. Krönender Abschluss: die „Lange Akademienacht", zu der sich die Ateliers für alle öffnen und Theater und Konzerte aufgeführt werden.

Amt für Kultur u. Tourismus, Residenzstr. A 66, 86633 Neuburg a. d. Donau, Tel. 08431 5 52 34, https://neuburg-ist-kultur.de/sommerakademie

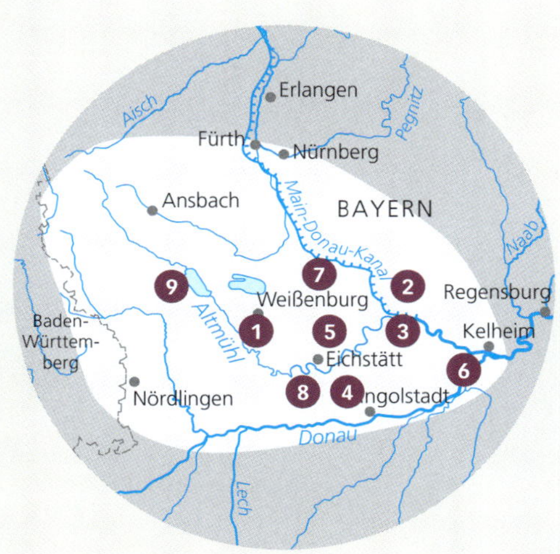

5 Zu den Kirchen der Wallfahrer

Der rund 130 Kilometer lange „Wallfahrerweg Altmühltal" führt in sieben Etappen zu Kapellen, Kirchen, Klöstern und Wallfahrtsstätten in der traumhaften Altmühl-Jura-Region. Start ist St. Sebastian bei Breitenbrunn, Endpunkt Wemdings Maria Brünnlein aus dem 18. Jahrhundert, eine der bedeutendsten Marienwallfahrtskirchen und schönsten Barockkirchen Süddeutschlands.

Wegbeschreibung: Informationszentrum Naturpark Altmühltal, Notre Dame 1, 85072 Eichstätt, Tel. 08421 9 87 60, www.naturpark-altmuehltal.de

6 Entspannen am Limes

Mineralstoffreiches Thermalwasser aus knapp 500 Meter Tiefe vitalisiert und entspannt in der Limes-Therme, einer 3500 Quadratmeter großen Wasserlandschaft mit Innen- und Außenbecken. Hinzu kommt die Römer-Saunawelt in einem nachgebauten Limes-Turm mit römischem Badehaus, Salzgrotte, Massagen und Spezialbädern, etwa dem Hopfen-Aromabad.

Limes-Therme, Am Brunnenforum 1, 93333 Bad Gögging, Tel. 09445 2 00 90, www.limes-therme.de

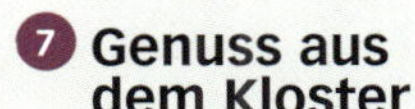

7 Genuss aus dem Kloster

Dieses Kloster ist ein Genussort in vielerlei Hinsicht. Es betreibt Biolandwirtschaft und lässt sein Bier nach eigenem Rezept brauen; zum Glück gibt's einen Klosterladen und eine Schenke. Ökologie, Gesundheit, Spiritualität und Kreativität sind auch die Themen des Kursangebots: Malen, Fotografieren, Wildkräuter, meditatives Wandern – Auszeit für Körper und Geist, auch als Klosterbewohner auf Zeit.

Benediktinerabtei Plankstetten, Klosterplatz 1, 92334 Berching, Tel. 08462 20 60, www.kloster-plankstetten.de

8 Wildkräuter-Kochkurs

Zurück zur Natur: Wildkräuter sind nicht nur ein Augen-, sondern auch ein Gaumenschmaus. Wenn man sie nur kennen würde! Beim Wildkräuter-Kochkurs geht's unter Anleitung zum Sammeln in die „freie Wildbahn" bei Eichstätt. Man lernt alles über Kräuter in der Küche und bereitet ein Vier-Gänge-Menü zu. Wohlschmeckender Balsam für die Seele.

Eichstätt, Informationszentrum Naturpark Altmühltal (siehe Nr. 5)

9 Ökumenisch pilgern

Von Heidenheim bis Eichstätt folgt der 72 Kilometer lange „Ökumenische Pilgerwanderweg" in vier Etappen den Heiligen Willibald, Wunibald, Walburga und Sola, die im 8. Jahrhundert aus Südengland kamen und in der Region missionierten. Der landschaftlich sehr schöne Weg schafft auch eine Verbindung zwischen den beiden Jakobswegen im Fränkischen Seenland: Nürnberg–Oettingen und Nürnberg–Eichstätt.

Informationszentrum Naturpark Altmühltal (siehe Nr. 5)

Oberes Altmühltal

*

IMMER MIT DER RUHE

*

In Rothenburg ist die ganze Welt zu Besuch, doch von der Geschäftigkeit in der Nachbarschaft lässt sich die obere Altmühl nicht anstecken. Auf ihrem Weg zur Donau schlängelt sie sich träge durch eine sanfte Landschaft mit duftenden Wiesen, Burgen und mittelalterlichen Städtchen. Den Kontrapunkt setzt das quirlige Ansbach mit seinem Faible für Musik und moderne Kunst.

Die Hohenzollern verwandelten Ansbach – hier der Martin-Luther-Platz – ab 1456 in eine blühende Residenzstadt.

Eine herrliche Renaissance-Fassade ziert das Rathaus von Rothenburg ob der Tauber. Sein Turm bietet die beste Aussicht auf die Altstadt. Links schließen das Jagstheimer Haus (1464) und das „Fleisch- und Tanzhaus"(1483) mit rotem Fachwerk an.

»EIN MIT RINGMAUERN UMGEBENES GOTHISCH SCHWÄBISCHES NESTLEIN, VOLL JUWELEN ALTER ARCHITEKTUR.«

Carl Spitzweg über Rothenburg

Direkt ob(erhalb) der Tauber liegt Rothenburg im grün-braunen Patchwork der Felder und Äcker. Streng genommen gehört die einst bedeutende Reichsstadt nicht zum Altmühltal, aber die Radfahrer auf dem Altmühltalradweg wissen es besser. Sie lassen sich die reizende Berühmtheit nicht entgehen und beginnen die Tour zur Donau einfach an der Tauber.

EINE ECHTE DISNEY-SCHÖNHEIT

Dass in Rothenburgs Silhouette noch immer 46 Türme in den Himmel zeigen, hat es dem Wein zu verdanken, der an den Steilhängen der Tauber Sonne tankt. Als die reiche Stadt im Dreißigjährigen Krieg von Tillys Truppen belagert wurde, versprach der General, sie zu verschonen, wenn ein Rothenburger einen Krug mit 13 Schoppen Wein (über drei Liter) in einem Zug leeren könne. Bürgermeister Nusch gelang dies mit seinem „Meistertrunk", der heute alljährlich mit einem Riesenfest gefeiert wird. Und Wein wird natürlich noch immer getrunken, in Weinstuben und im Umland in den Besenwirtschaften der Weingüter. Nach dem Dreißigjährigen Krieg aus dem großen Spiel um Macht und Geld geworfen, hat Rothenburg sein Gesicht seither kaum verändert und ist heute mit seinem geschlossenen historischen Stadtbild die gefeierte Schönheitskönigin an der Romantischen Straße. Für Carl Spitzweg, der Mitte des 19. Jahrhunderts als einer der ersten Touristen in Rothenburg malte, war die Stadt „ein mit Ringmauern umgebenes gothisch schwäbisches Nestlein, voll Juwelen alter Architektur". Heute sorgt die kleine Stadt professionell für knapp zwei Millionen Besucher, die jedes Jahr durch die malerischen Gassen bummeln. Man lebt gern und gut mit den Gästen aus aller Welt, für die Rothenburg der Inbegriff der deutschen Romantik ist. Selbst Walt Disney ließ sich davon inspirieren: Rothenburg diente als Vorbild für die Stadt, in der sein Pinocchio lebt.

DIE QUELLE DER LANGSAMKEIT

Eine Radelstunde von Rothenburg entfernt ist der Szenenwechsel auf der Frankenhöhe markant. Von Kunst und Architektur keine Spur, nur ein paar rätselhafte uralte Gedenksteine stehen in den Forstfluren, die so wundersame Namen wie „Hochmutsbrunn", „Alter Mann" und „Schauersruh" tragen. Hier, mitten im Wald, ist auf dem Bayernatlas der Landesregierung der Altmühlursprung an einem Zulauf des Hirschteichs eingezeichnet – obwohl doch der Abfluss des Hornauer Weihers seit 1904 als offizielle Quelle gilt. Damals entschied das

Eines von vielen berühmten Motiven in Rothenburg ist das Plönlein mit dem Sieberstor und dem schmalen Fachwerkhaus. Plönlein leitet sich von Plänlein ab und heißt so viel wie „ebener Platz".

Hinter jeder Ecke gibt's was Neues zu entdecken. Die Hafengasse führt zum Markusturm mit dem Röderbogen.

Wer Glück hat, ergattert einen Tisch im Freien, etwa vor der Altfränkischen Weinstube.

Südöstlich von Rothenburg ob der Tauber bietet Herrieden schon die nächste sehenswerte Altstadt. Malerisch: der Storchenturm an der Altmühlbrücke.

„Sieben Fuhrmänner“ werden die sagenumwobenen Sühnekreuze in Neunstetten, einem Ortsteil von Herrieden, genannt.

Eine besonders feine Location für Übernachtungsgäste ist Schloss Sommersdorf. Bergfried und Burggraben der um 1400 begonnenen Anlage erinnern an die Ritterzeit.

Außen schlicht, innen barock: Papst Benedikt XVI. erhob Herriedens Stiftsbasilika 2010 zur Basilica minor, um ihre besondere Bedeutung zu unterstreichen.

„Königlich-Bayerische Hydrotechnische Bureau", dass als „Ursprung der Altmühl allein der Abflußgraben am Unteren Hornauer Weiher unter der Hornauer Mühle angenommen werden muß." Seitdem verkündet hier ein Gedenkstein schlicht und unbeirrt „Ursprung der Altmühl". Den Burgbernheimern, zu deren Gemeinde der Hirschteich gehört, gefiel das gar nicht. In Erlach wiederum nimmt man weder die Hornauer noch die Burgbernheimer ernst. Die Siedlung hat ihre eigene gefasste Quelle samt Inschrift „Ursprung der Altmühl". Von diesem Zwist unberührt, mäandert der Fluss zuerst als Bach friedlich durch die Wiesen und Felder – und so gemächlich, dass er für schnelle Gemüter fast schon eine Provokation ist. Rund 220 Kilometer legt er bis zur Donau zurück, wobei der Höhenunterschied von Ursprung bis Mündung nur 120 Meter beträgt. Kaum ein anderer Fluss in Deutschland hat sich die Langsamkeit so auf seine Fahne geschrieben.

ERHOLUNG IN WILDBAD

Wer seine Favoritin ausmachen möchte, kann von Burgbernheim aus auf einer 15 Kilometer langen Runde durch den Wald zu allen drei Quellen wandern. Stärkung bietet unterwegs der Waldgasthof Wildbad, der mitten in der Einsamkeit empfängt. Hier bewegt man sich auf royalem Gelände, denn das denkmalgeschützte Ensemble war jahrhundertelang eines der bedeutendsten Bäder Europas, in dem auch die Ansbacher Markgrafen kurten. Seine Heilquellen waren wohl schon zur Zeit Karls des Großen bekannt. 900 Jahre später erholte sich hier 1717 auch Kurfürstin Christiane Eberhardine von Sachsen mit großem Gefolge von ihrer Ehe mit August dem Starken. Die heutigen Gäste kommen zum Wandern und wegen der regionalen fränkischen Küche. In Monaten mit r steht natürlich auch Karpfen auf der Karte, denn in der Nähe von Burgbernheim entspringt die Aisch und beginnt der Aischgrund mit seinen über 7000 Weihern, aus denen die berühmten Spie-

Burg Colmberg aus dem 13. Jahrhundert liegt 50 Meter über dem Altmühlgrund und bietet eine herrliche Aussicht. Heute ist die Anlage auch bei Golfern beliebt, die unterhalb der mittelalterlichen Mauern abschlagen.

Oben: Heckenlabyrinth bei Burgbernheim

Rechts Mitte: Radfahrer unterwegs auf dem Altmühlradweg. Auf einem ausgedehnten Netz von Rad- und Wanderwegen lässt sich die Region genussvoll erkunden.

Der offizielle Ursprung der Altmühl wird seit 1904 am Hornauer Weiher bei Hornau verortet. Doch auch Burgbernheim und Erlach sehen zwei Quellen auf ihrer Gemarkung als Altmühlursprung an.

Den Martin-Luther-Platz zu Ansbach säumen St. Gumbertus, das Stadthaus, der Markgraf-Georg-Brunnen und das Rathaus.

Der Hofgarten der Ansbacher Residenz feiert 2024 seinen 300. Geburtstag. Die Orangerie (1726–1743) wird heute als Restaurant genutzt.

gelkarpfen kommen. Gut 85 Kilometer erstreckt sich die Teichlandschaft bis zur Mündung des Flusses bei Forchheim. Fisch- und Bierlokale sind dicht gesät!

GENUSSORT BURGBERNHEIM

Burgbernheim ist jedoch vor allem für seine 30000 Zwetschgen-, Apfel-, Birn- und Kirschbäume bekannt, die im Frühjahr den Nordhang der Frankenhöhe in ein Blütenmeer verwandeln. In dieser kulinarischen Schatztruhe tragen krumme Charakterbäume teils fast vergessene alte Obstsorten. Für die Pflege der Wiesen, Refugien für Vögel und Insekten, sorgen Schafe. Um den Erhalt der einmaligen Kulturlandschaft bemüht sich auch die Genossenschaft „Streuobst Mittelfranken", die ihre Produkte unter der Marke „EinHeimischer" vertreibt. In Burgbernheim selbst wird fleißig gemostet, Marmelade eingekocht und Schnaps gebrannt. Der „Fränkische Genussort" trägt seinen Beinamen völlig zu Recht.

WEITBLICK AUF BURG COLMBERG

Eine lange Geschichte weist die Burg Colmberg auf dem Heuberg auf. Schon im 8. Jahrhundert stand hier eine kleine Palisadenburg, von der man das Gebiet vom Hornauer Weiher bis Frommetsfelden überblicken konnte. Damals erstreckten sich unten an der Altmühl Sümpfe und oberhalb Urwälder mit Auerochsen. Die einstige Hohenzollern-Burg ist heute samt Hotel und Restaurant in Privatbesitz. Die Hirsche, die statt der Auerochsen auf der Wiese grasen, sind übrigens die Spezialität des Restaurants; dazu gibt's einen „Schwarzen Ritter", ein malzbetontes dunkles Bier.

LUFTFAHRTPIONIER UND HEXEN

Weiter südlich, am Rand der Altstadt von Leutershausen, geht der Blick zur Abwechslung in die Höhe. Was wie eine Mischung aus Spielzeugflieger und Metallgerippe eines Flugsauriers ausschaut, ist der stilisierte Nachbau des ersten Motorflugzeugs der Welt. Das Denkmal erinnert an den Flugpionier Gustav Weißkopf, der 1874 in Leutershausen geboren wurde. Mit der „Condor", seiner selbst gebauten Flugmaschine Nr. 21, flog er im US-Bundesstaat Connecticut am 14. August 1901 rund 800 Meter weit. Seit 2013 wird das Ereignis im maßgeblichen Luftfahrtkompendium „Jane's All the World's Aircraft" als erster Motorflug der Weltgeschichte geführt – 855 Tage vor dem Flug der Brüder Wright.

Weitaus älter als Weißkopfs Flugmaschine sind die „Sieben Fuhrmänner" in Neunstetten. Die mittelalterlichen Steinkreuze stehen am Ortsausgang Richtung Herrieden; und nein, man hat sich nicht verzählt: Es sind tatsächlich nur sechs. Der Legende nach waren es ursprünglich sieben. Ihren Namen verdanken sie der Sage von den sieben Fuhrmännern, die hier einst rasteten, sich gegenseitig das Brot nicht gönnten und sich im Streit allesamt erstachen. Unter den Kreuzen sollen sie begraben liegen, aber Ruhe finden sie nicht. Angeblich kann man sie bei den Kreuzen kämpfen sehen, wenn nachts der Nebel von der Altmühl aufsteigt …

Verbrieften historischen Schrecken hat Herrieden zu bieten: Früher stand hier das älteste Hexengefängnis Frankens. Stilvoll betritt man das Städtchen über die uralte Steinbrücke und unter dem Storchennest auf dem Storchentor. Wo heute die Kirche Unserer Lieben Frau steht, befand sich bereits im 8. Jahrhundert ein Benediktinerkloster. Von Hexen und anderen Schrecken ist im gemütlichen Herrieden heutzutage nichts zu spüren; verfolgt werden allerdings noch Brachsen, Hechte und Schleien – von den Anglern an der Altmühl.

STADTLUFT IN DER MARKGRAFENRESIDENZ

Wen jetzt nach Stadtluft dürstet, der fährt weiter nach Ansbach, das nur einen Katzensprung entfernt liegt und doch ein spannendes Kontrastprogramm

Johann Sebastian Bach hat sich zwar nie in Ansbach aufgehalten, wegen der seit 1948 veranstalteten Bachwoche ist er aber nicht mehr von hier wegzudenken. Mit der Aluminiumskulptur „AnsBach-Säule" von Jürgen Goertz ist ihm seit 2003 am Martin-Luther-Platz ein Denkmal gewidmet.

zur ländlichen Idylle bietet. Die Hohenzollern, die hier einst regierten, spendierten sich eine Residenz, die – verglichen mit der Bedeutung ihres Markgraftums Brandenburg-Ansbach– ziemlich prächtig ausfiel. Im 18. Jahrhundert wurde der Vierflügelbau von Leopoldo Retti im Stil des Ansbacher Rokoko üppig ausgestattet. Der italienische Architekt gestaltete auch die barocke Synagoge in der Rosenbadstraße, die den Nationalsozialismus nur überstand, weil man bei einem Brand nicht versehentlich die ganze Nachbarschaft zerstören wollte.

Die umliegende Altstadt ist eine Perle aus Renaissance und Barock, deren Bürgerhäuser und Palais den einstigen Status der Residenzstadt widerspiegeln. Vor allem aber steckt sie mit vielen Läden, Cafés und Lokalen voller Leben. Wer jetzt nur an Ansbachs berühmte Bratwürste denkt, darf sich überraschen lassen: Von fränkischer bis internationaler Küche ist kulinarisch alles Denkbare vertreten. Mittelfrankens Regierung, die heute in der Residenz sitzt, ist zwar bei Weitem nicht mehr so verschwenderisch wie einst die Markgrafen, aber Kultur wird noch immer hochgehalten: mit zeitgenössischer Kunst, Open-Air-Musik, der ältesten Bachwoche Deutschlands, Rokoko-Festspielen oder Orgelkonzerten. Und Kinos gibt's natürlich auch.

Special

Kaspar Hauser

Ein ungelöstes Rätsel

Etwa 16 Jahre alt war der Junge, der am Pfingstmontag 1828 unbeholfen und verwahrlost über den Nürnberger Unschlittplatz stolperte. Auf Fragen antwortete er nur mit „Dös wois i net", seinen Namen aber konnte er krakeln: Kaspar Hauser.

„Ich möchte so ein Reiter wie mein Vater werden", mehr war aus dem Jungen nicht herauszubringen. Polizei und Ärzte vermuteten, dass er Opfer eines Verbrechens und als Kind längere Zeit sozial völlig isoliert gewesen war, doch das Wo und Warum blieben schleierhaft. Bald verbreitete sich das Gerücht, Kaspar Hauser sei der Erbprinz aus dem Hause Baden, den man wegen dynastischer Intrigen versteckt hätte. Oder war er doch nur ein Hochstapler? Als Kaspar 1831 nach Ansbach übersiedelte, war er bereits das international berühmte „Kind von Europa". Als sein Ansbacher Mentor Anselm von Feuerbach 1833 in der „Erbprinzentheorie" Hinweise auf Hausers badische Herkunft zusammenfasste, wurde er kurz darauf angeblich vergiftet – und Kaspar am 14. Dezember 1833 von einem Unbekannten niedergestochen. Drei Tage später verstarb er. Sein „Fall" ist bis heute ungelöst, selbst DNA-Analysen lieferten widersprüchliche Ergebnisse. Die Faszination an Kaspar Hauser als Symbol für die Identitätssuche des Menschen ist ungebrochen.

Kaspar-Hauser-Skulptur in Ansbach

Bei den Ansbacher Rokoko-Festspielen lebt die Zeit der Markgrafen wieder auf: 1729 bis 1757 regierte Carl Wilhelm Friedrich von Brandenburg-Ansbach die Stadt. Ein Höhepunkt der Festspiele ist die Hochzeit des Grafen mit Friederike Luise, einer Schwester Friedrichs des Großen.

Historische Uniformen, Pulverdampf, Musik, Tanz und Gaukelei bezaubern das Publikum bis spät in die Nacht.

Zentraler Schauplatz der Festspiele ist der Hofgarten. Das sommerliche Maskenfest nach Art des venezianischen Karnevals gehört zu den schönsten Programmpunkten.

Junges Altmühltal

FORTSCHRITT MITTEN IM ZENTRUM

Fachwerkdörfer, mittelalterliche Städtchen, barocke Residenzen, unberührte Natur und uralte Kulturlandschaften – das ist die eine Seite des Altmühltals. Doch tatsächlich ist die Region nicht nur idyllisch, sondern in Sachen Kunst und Kultur, Bildung und Wirtschaft topmodern.

Auch das vielfältige Freizeitangebot – hier Ziplining am Brombachsee – macht die Region so attraktiv.

Der Blick auf die Karte macht es deutlich: Zentraler als im Altmühltal kann man in Europa kaum leben. Ringsum liegen die großen Wirtschaftsräume und Ballungszentren München und Ingolstadt, Nürnberg und Stuttgart, im Nordwesten ist Frankfurt am Main nicht weit, und im Osten gibt Regensburg Impulse. „Nach Ingolstadt oder Regensburg zu pendeln, ist für uns kein Problem", erzählt die junge Frau, mit der man bei den Übungen am Qi-Gong-Weg ins Gespräch gekommen ist. „Auch Nürnberg ist machbar, selbst München. Wir sehen keinen Grund, hier wegzuziehen. Und mit Kindern lässt es sich hier gut leben."

BOOM UND WANDEL

Den Investoren ist das auch schon aufgefallen. Im Süden platzt der Wirtschaftsraum München-Ingolstadt aus allen Nähten, und der Immobilienmarkt steht wie ein Dampfkochtopf ohne Ventil kurz vor dem Explodieren. Den Prognosen zufolge wird der Boom anhalten, und das Bayerische Landesamt für Statistik sieht in den nächsten 20 Jahren ein starkes Bevölkerungswachstum in den Landkreisen Eichstätt und Kelheim. Damit werden Immobilien auch nördlich der Donau zunehmend interessanter. Die Region ist im Wandel: Mit dem Fränkischen Seenland ist eine Urlaubs- und Freizeitregion entstanden, die stark auf den Tourismus setzt und vom Kitesurfen über Wakeboarden bis zum Ziplining auch für junge Besucher Action bietet.

Und auch andernorts ändern sich die Rahmenbedingungen. So geht zum Beispiel in Solnhofen die jahrhundertealte Steinindustrie gegenüber der chinesischen Konkurrenz und den Keramikimitaten aus Italien oder der Türkei in die Knie. Von den früher mehr als 20 Steinbetrieben im bayerischen Juragebiet ist nur eine Handvoll verblieben; überleben werden nach Meinung von Wirtschaftsexperten vielleicht zwei oder drei.

JUNGE BILDUNG

Mit mehr als 45 Jahren (2022) liegt in Solnhofen der Altersdurchschnitt über dem von ganz Bayern (44) – in Eichstätt mit gut 42 Jahren darunter. Rund

Stararchitekt Günther Behnisch entwarf die lichtdurchflutete Zentralbibliothek in Eichstätt.

Eine gut aufgestellte Region: Modernes Figurenfeld in Eichstätt, Kunst vor der ehemaligen Residenz in Ansbach

14 000 Einwohner zählt die „Hauptstadt des Altmühltals". Für frischen Wind in den barocken Straßen sorgen die 5000 Studierenden an der Universität. Regelmäßig gehört die Region zu den deutschen Spitzenreitern in Sachen Beschäftigungsquote. 2014 wurde der Landkreis mit seiner Mischung aus schöner Lage, Freizeitwert und Jobmöglichkeiten beim Focus-Ranking als „Lebenswerteste Region Deutschlands" ermittelt.

(Bau-)Kunst entdecken

Architektur in Eichstätt:
Bistum Eichstätt, Abteilung Bau- und Stiftungswesen, www.bistum-eichstaett.de/zentrale-dienste/bau-und-stiftungswesen/

Kunst in Ansbach:
Amt für Kultur und Tourismus, Johann-Sebastian-Bach-Platz 1, 91522 Ansbach, Tel. 0981 5 12 43, www.ansbach.de

EICHSTÄTTS MODERNES GESICHT

Wer durch die Stadt bummelt, sieht in den Cafés junge Leute sitzen – und an der Universität ambitionierte moderne Architektur. Preisgekrönte Bauten haben die Diözesanbaudirektoren Karljosef Schattner (1957–1991), Karl Frey (1992–2010), Richard Breitenhuber (2010–2018) und Ralph Lutz (2019 bis 2022) als Vorgänger des heutigen Baudirektors Ivo Hermann geschaffen und in historische Gebäude integriert, ein spannendes Wechselspiel von verspieltem Barock und modernen Glasfronten, Blech, Beton. Entsprechend Schattners Motto, „die Gegenwart leugnen hieße die Geschichte leugnen", wurden historische Bauwerke wie das alte Waisenhaus, die ehemalige Reitschule oder der Ulmer Hof umgebaut und erweitert. Und in die Altmühlauen hat Stararchitekt Günther Behnisch die lichtdurchflutete, transparente Zentralbibliothek gestellt, in der man den Geist fliegen lassen kann.

FAIBLE FÜR MODERNE KUNST

Am nordöstlichen Stadtrand Eichstätts bildet das Figurenfeld des Bildhauers und Malers Alois Wünsche-Mitterecker (1903–1975) ein „Momentum perpetuum", ein ewiges Mahnmal gegen Krieg und Gewalt. Wie auf einem Schlachtfeld sind die Figuren kreuz und quer verstreut. Kämpfer, Opfer, aber keine Sieger sind auszumachen.

Auch in Ansbach sind moderne Kunst und Kultur großes Thema. Das alljährliche Festival LesArt widmet sich der zeitgenössischen Literatur. Zudem machte sich die Stadt mit den leider nicht mehr ausgetragenen Kunstveranstaltungen Ansbach Contemporary und Ansbacher Skulpturenmeile weit über die Region hinaus einen Namen.

Ansbach verleiht darüber hinaus alle paar Jahre (das nächste Mal 2028) den Ansbacher Kunstpreis und besitzt Galerien und Ausstellungsräume für moderne Kunst. Der Ansbacher Skulpturen-Rundgang führt auch zu modernen Werken im öffentlichen Raum, zum Beispiel zu Jürgen Goertz' „AnsBach-Säule" (Foto Seite 32) oder seinem riesigen Bronzepferd „Anscavallo" am Schlossplatz.

„Mann mit Koffer“, eine Skulptur von Kurt Laurenz Metzler an der Rezat in Ansbach

Maßstab 1:200 000
UFFENHEIM
BAD WINDSHEIM
Ipsheim
Naturpark Steigerwald
Markt Erlbach
BURG-BERNHEIM
Obernzenn
Trautskirchen
Neuhof an der Zenn
ROTHENBURG ob der Tauber
Windelsbach
Oberdachstetten
Flachslanden
Rügland
Naturpark Frankenhöhe
Colmberg
Lehrberg
Weihenzell
ANSBACH
Gebsattel
Geslau
LEUTERS-HAUSEN
SCHILLINGS-FÜRST
Dombühl
Wörnitz
Insingen
Diebach
Schnelldorf
Aurach
HERRIEDEN
Burgoberbach
Lichtenau
Feuchtwangen
Dentlein am Forst
Bechhofen
Arberg
Weidenbach
Schopfloch
Dürrwangen
Langfurth
Ehingen
Unterschwaningen
DINKELSBÜHL
Wettringen
Wieseth
Burk
Buch am Wald
Burgenstraße
Romantische Straße
Steinsfeld
Adelshofen
1
2
3
4
5
6

AM LIEBLICHEN FLUSS

Bei den Kelten hieß die Altmühl angeblich Alcmona, „das liebliche, langsam fließende Wasser". Besser kann man ihren Oberlauf nicht beschreiben. Über die dünn besiedelte Frankenhöhe schlängelt sie sich vorbei an mittelalterlichen Burgen und Ortschaften. Höhepunkte bieten die malerischen Städte Rothenburg und Ansbach.

1 Rothenburg ob der Tauber

Rothenburg (11 000 Einw.) im weitgehend unverbauten Taubertal ist ein Hauptziel an der Burgen- und an der Romantischen Straße. Seit dem 19. Jh. gilt die Altstadt als Inbegriff einer romantisch-historischen deutschen Stadt.

SEHENSWERT
Die **Altstadt TOPZIEL** ist ein einzigartiges Ensemble. Der **Rathausturm** bietet einen großartigen Überblick (April–Okt. tgl. 9.30 bis 12.30, 13.00–17.00, Jan.–März, Nov. Sa./So. 12.00–15.00 Uhr). An der Fassade der benachbarten Ratstrinkstube führen die Figuren der Kunstuhr den „Meistertrunk" auf (tgl. 10.00 bis 22.00 Uhr, immer zur vollen Stunde). Eine schöne Aussicht bietet auch die **Stadtmauer**. Pilgerziel ist seit Jahrhunderten die gotische **St.-Jakob-Kirche** (1485) mit der Heilig-Blut-Reliquie, für die Tilman Riemenschneider 1505 den Heilig-Blut-Altar geschnitzt hat (Klostergasse 15; April–Okt. tgl. 10.00–18.00, sonst 11.00–14.00 Uhr, Führungen Wochenende, Ferien 11.00, 14.30 Uhr). In der **Wehrkirche St. Wolfgang** (um 1500) mit dem gotischen Maßwerk ist eine Ausstellung über die Schäferei zu sehen (www.schaefertanzrothenburg.de; Juli/Aug. Mi., Fr.–So. 10.00–12.30, 13.00–16.30 Uhr, März–Juni, Okt.–Dez. nur Sa./So.). Vom **Burgtor** führt ein Weg durch den Burggarten über die Doppelbrücke (14. Jh.) ins Taubertal.

Tipp

Anno dazumal

Von wegen gute alte Zeit! Nach dem Besuch dieses faszinierenden Museums ist man froh, im Hier und Heute zu leben. Schandmasken und Eiserne Jungfrau sind nur zwei Beispiele, wie drakonisch früher Strafen ausfielen. Neben schrecklichen Foltergeräten und Henkerswerkzeugen hat das Kriminalmuseum jedoch noch mehr zu bieten: Hunderte Exponate zeichnen die Rechtsgeschichte vom Hochmittelalter bis zum 19. Jh. im deutschsprachigen Raum nach. Selbst das Privatleben bis hin zur Kleidung war früher streng geregelt.

Mittelalterliches Kriminalmuseum
April–Okt. tgl. 10.00–18.00, Nov.–März 13.00–16.00, Dez. ab 11.00 Uhr; Burggasse 3, 91541 Rothenburg o. d. T., www.kriminalmuseum.eu

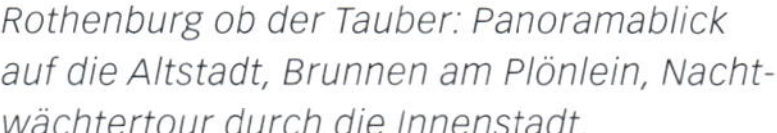

Rothenburg ob der Tauber: Panoramablick auf die Altstadt, Brunnen am Plönlein, Nachtwächtertour durch die Innenstadt.

MUSEEN
Das **RothenburgMuseum** behandelt die Stadt- und Alltagsgeschichte (Klosterhof 5, www.rothenburgmuseum.de; April–Okt. 9.30 bis 17.30, sonst 13.00–16.00, Weihnachtsmarkt 10.00–16.00 Uhr). Advent und Weihnachten sind die Themen des **Weihnachtsmuseums** (Herrngasse 1, www.weihnachtsmuseum.de; April–23. Dez. tgl. 10.00–17.00 Uhr), mittelalterliche Architektur und Alltagskultur im **Handwerkerhaus** (13. Jh., Alter Stadtgraben 26; Ostern–31. Okt. Mo.–Fr. 11.00–17.00, Sa., So., Fei. 10.00–17.00, Dez. tgl. 14.00–16.00 Uhr).

ERLEBEN
Der **Kletterwald** hat Parcours für Groß und Klein ab 6 Jahren (www.kletterwald-rothenburg.com). **Ballonfahrten** organisiert Happy Ballooning (www.happy-ballooning.de).

HOTEL
Das **€€€ Burg-Hotel** bietet Zimmer direkt auf der Stadtmauer mit Blick über das Taubertal; mit Garten und Wellness (Klostergasse 1–3, Tel. 09861 9 48 90, www.burghotel.eu).

VERANSTALTUNGEN
Zum immateriellen UNESCO-Weltkulturerbe gehört das **Historienspiel** „Der Meistertrunk" (Pfingsten), samt Feldlager, historischem Markt und Schäfertanz. Die **Reichsstadt-Festtage**

(Sept.) werden mit authentischen Kostümen gefeiert. Im Aug. ist das dreitägige **Taubertal-Festival** ein Besuchermagnet, in der Adventszeit der **Reiterlesmarkt**.

INFORMATION
Rothenburg Tourismus Service,
Marktplatz 2, 91541 Rothenburg o. d. T.,
Tel. 09861 40 48 00, www.rothenburg.de

2 Burgbernheim

Das über 1250 Jahre alte Fachwerkstädtchen (3000 Einw.) am Fuß der Frankenhöhe ist einer der „100 Genussorte Bayern".

SEHENSWERT
Wo 755 Burgbernheims erste Kirche stand, wurde ab 1102 die gotisch ausgemalte **Johanniskirche** errichtet. Das benachbarte **Torhaus** (1545) war wie der **Seilersturm** (1102) Teil der Befestigung. Das älteste **Fachwerkhaus** wurde 1607 erbaut (Rodgasse 3).

ERLEBEN
Am Marktplatz startet der 6 km lange **Streuobstlehrpfad**, der auf 4 km abgekürzt werden kann (https://streuobst.burgbernheim.de). Der ca. 4 ha große **Landschaftssee** lädt zum Angeln und zur Beobachtung der Pflanzen- und Tierwelt ein. Im Gründlein wurde ein **Irrgarten** aus 4000 Hainbuchen gepflanzt; vom nahen Aussichtsturm hat man einen guten Überblick.

EINKAUFEN
Hausgemachten Zwetschger (Zwetschgenschnaps) und Marmeladen gibt es im Bauernladen **Engerla** (Friedeneicheplatz 6), Pralinen mit regionalen Bränden in der **Chocolaterie & Patisserie Grand Cru** (Hochbach 5).

HOTELS
Zum **€/€€ Gasthof Zum Goldenen Hirschen** im zentralen Markgrafenhaus (1817) gehören vier Zimmer und ein **€€** Restaurant mit gehobener fränkischer Küche; der Most ist hausgemacht (Windsheimer Str. 2, Tel. 09843 93 68 80, www.pension-badwindsheim.de).
Der **€/€€ Waldgasthof Wildbad** ist ein historisches Ensemble in idyllischer Lage, 3 km südwestl. Serviert wird gehobene regionale Küche (www.waldgasthof-wildbad.de).

INFORMATION
Touristinformation, Marktplatz 1,
91593 Burgbernheim, Tel. 09843 3 09 34,
www.burgbernheim.de

3 Ansbach

Mit rund 42 000 Einwohnern ist Ansbach das wirtschaftliche und kulturelle Zentrum der Region. Die Stadt unterstand einst den Bischöfen von Würzburg, ab 1331 dann den Hohenzollern. Deren Fürsten und Markgrafen verwandelten die ehemalige Klostersiedlung ab 1456 zu einer prachtvollen Residenzstadt.

Burgbernheim: Lauschiges Ambiente und frische Fische im Waldgasthof Wildbad (o. und r.). Ansbach: Barocke Synagoge aus dem 18. Jh.

SEHENSWERT
Die **Residenz** TOPZIEL der Markgrafen zu Brandenburg-Ansbach, ehemals eine Wasserburg (um 1400), wurde in der Renaissance und im 18. Jh. aus- und umgebaut. Beeindruckend sind die Prunkräume mit Leopoldo Rettis Ausstattung im Ansbacher Rokoko, das Deckenfresko von Carlo Carlone im Festsaal (1736) und die Gemäldegalerie. In der Gotischen Halle sind Fayencen und Porzellan der Ansbacher Manufaktur (1710–1839) ausgestellt (Promenade 27, www.schloesser.bayern.de; April–Sept. Di.–So. 9.00–18.00, sonst 10.00–16.00 Uhr).
„Hier wurde ein Geheimnisvoller auf geheimnisvolle Weise getötet", steht auf dem **Gedenkstein für Kaspar Hauser** im barocken Hofgarten mit der Orangerie (1726–1743, www.orangerie-ansbach.de).
Die Kirche **St. Gumbertus** (Johann-Sebastian-Bach-Platz) fasziniert, von der romanischen Krypta (1040) über die Markgrafengruft mit Sarkophagen aus dem 17./18. Jh. (Mai–Sept. Fr. bis So. 15.00–17.00 Uhr) bis zur Schwanenritterkapelle mit dem „Kelterbild", das wahrscheinlich von Albrecht Dürer stammt. Leopoldo Retti gestaltete 1744–46 die barocke **Synagoge** (Rosenbadstr. 3, www.synagoge-ansbach.de; Mai–Sept. 2. und 4. So. im Monat, 15.00–17.00 Uhr). Ein Wahrzeichen ist das barocke **Herrieder Tor** (Uzstr. 30) mit dem Glockenspiel (tgl. 11.00, 17.00 Uhr). Die Pfarrkirche **St. Johannis** (Johann-Sebastian-Bach-Platz) wurde im 15. Jh. aus Sandsteinquadern erbaut.

MUSEEN
Das **Markgrafenmuseum** erzählt in einem schönen Gebäudekomplex (14.–18. Jh.) die Geschichte der Stadt, des Fürstentums und Kaspar Hausers (Kaspar-Hauser-Platz 1, Mai–Sept. tgl., sonst nur Di.–So. 10.00–17.00 Uhr).

ERLEBEN
Kulinarisches bietet die **Ansbacher Bratwurstführung** (www.ansbach.de). Zum **Freizeitbad Aquella** gehören Riesenrutsche und Sauna (Am Stadion 2, www.myaquella.de; Mo. 9.30 bis 21.30, Di.–Fr. 7.00–21.30, Sa., So., Fei. 7.00 bis 20.00 Uhr). Das **Theater Ansbach – Kultur am Schloss** (Promenade 29, www.theater-ansbach.de) bietet Theater, Konzerte und Kino.

VERANSTALTUNGEN
Höhepunkte sind die **Rokoko-Festspiele** und in ungeraden Jahren die **Bachwoche** (s. S. 115). In geraden Jahren widmen sich die **Kaspar-Hauser-Festspiele** (Juli/Aug.) Kaspar Hauser mit Kunst, Konzerten und Vorträgen. Hochwertige zeitgenössische Literatur ist das Markenzeichen der alljährlichen Fränkischen Literaturtage **LesArt**. Ein Publikumsmagnet ist das Musikfestival **Ansbach Open** im Sommer.

RESTAURANT
Das **€€ Bratwurst-Glöckle** in einem Haus aus dem 17. Jh. serviert Ansbacher Bratwürste und fränkische Küche; mit Biergarten (Uzstr. 4, Tel. 0981 4 66 11 11, www.bratwurst-gloeckle.com).

INFORMATION
Amt für Kultur und Tourismus,
Johann-Sebastian-Bach-Platz 1
91522 Ansbach, Tel. 0981 5 12 43,
www.ansbach.de

4 Herrieden

Herriedens Gründung (8000 Einw.) geht auf ein Kloster aus dem 8. Jh. zurück. Das historische Zentrum kennzeichnen stattliche Giebelhäuser aus dem 16. bis 18. Jh.

SEHENSWERT
In die Altstadt gelangt man durch den **Storchenturm** (14. Jh.) an der steinernen Brücke (1711). Die 1071 geweihte **Stiftsbasilika** wurde im 18. Jh. barockisiert, die Kirche **Zu Unserer Lieben Frau** (1493) steht am Ort des einstigen Benediktinerklosters. Unter und vor der Kirche liegen Gräber aus dem 9./10. Jh. Die geschnitzte barocke Holzdecke gilt in Europa als einmalig.

ERLEBEN
Das **Museum auf dem Weg** führt zu historisch bedeutsamen Stationen. Im Ortsteil Neunstetten stehen mittelalterliche **Steinkreuze** (s. S. 31). Auf dem 10 km langen **Naturlehrpfad** erfährt man einiges über Biber & Co. Im Ortsteil Schernberg lädt ein **Bikepark** mit spektakulären Strecken und Sprungelementen ein.

INFORMATION
Stadt Herrieden, Herrnhof 10,
91567 Herrieden, Tel. 09825 80 80,
www.herrieden.de

5 Leutershausen

Der Altmühltalradweg verläuft durch das über tausend Jahre alte Städtchen (5600 Einw.), Geburtsort von Flugpionier Gustav Weißkopf und Paula Kissinger. Die Mutter des ehem. US-Außenministers Henry Kissinger kam hier 1901 als Paula Stern zur Welt.

SEHENSWERT
Fachwerk, Pastellfarben und Reste der ehemaligen Stadtbefestigung prägen die **Altstadt**. An die Hohenzollern-Herrschaft erinnern die schwarz-weißen Fensterläden am ehemaligen markgräflichen Stadtschloss (Plan 6) von 1624. Ein Highlight für Technikinteressierte ist das neue **Gustav-Weißkopf-Museum** (Plan 6, www.pionierederluefte.de; Do.–Mo. 10.00 bis 16.00 Uhr). Motorradfans zieht es ins **Motorradmuseum Frankenhöhe** im Ortsteil Hetzweiler (Weiherstr. 16; So. 10.00–17.00 Uhr).

INFORMATION
Stadtverwaltung, Am Markt 1–3,
91578 Leutershausen, Tel. 09823 95 10,
www.leutershausen.de

6 Colmberg

Gut 1400 Menschen wohnen in der hübschen Fachwerkortschaft an der Burgenstraße.

SEHENSWERT
Die eindrucksvolle **Burg Colmberg** war ab 1318 knapp 500 Jahre lang in Besitz der Hohenzollern. Alles über Natur und Freizeitangebote im 1100 km² großen Naturpark Frankenhöhe erfährt man im **Informationszentrum Frankenhöhe** (Am Kirchberg 4, www.romantisches-franken.de; Mo.–Do. 8.00–12.00, 13.00–17.00, Fr. bis 16.00 Uhr).

HOTEL/RESTAURANT
Auf **€€/€€€** **Burg Colmberg** schläft man in jahrhundertealtem Ambiente in zehn Zimmern oder Suiten. Das Restaurant serviert fränkische Spezialitäten und zünftige Rittermenüs (Tel. 09803 9 19 20, www.burg-colmberg.de).

INFORMATION
Markt Colmberg, Am Markt 1,
91598 Colmberg, Tel. 09803 9 32 90,
www.colmberg.de

IMMER AM FLUSS ENTLANG

Der Altmühltalradweg gehört sicherlich zu den schönsten Fernradwegen Deutschlands. Die rund 250 Kilometer lange Route beginnt in Rothenburg ob der Tauber und führt bis Kelheim – oder umgekehrt. Wer möchte, kann die Tour von der Mündung der Altmühl entlang der Donau bis Regensburg (nochmals 38,5 Kilometer) oder darüber hinaus verlängern. Der in beide Richtungen hervorragend ausgeschilderte Radweg gehört regelmäßig zu den vom ADFC gekürten Top Ten der Radfernwege in Deutschland.

Die Route ist für die ganze Familie geeignet, denn sie verläuft größtenteils auf befestigten Wald- oder Feldwegen und ruhigen Nebenstrecken direkt am Fluss bzw. dem Main-Donau-Kanal. Außerdem sind im Tal der gemächlichen Altmühl Steigungen rar gesät. Selbst den ersten Abschnitt vom Taubergrund

Wenig Steigung, viel Erlebnis bietet die Tour auf dem Altmühltalradweg. Manchmal helfen Floßfähren den Radlern auf die andere Seite – wie hier bei Dietfurt.

hinauf zum knapp 100 Meter höheren Quellgebiet der Altmühl bei Hornau kann man umfahren und stattdessen über Neulitz und Geslau in der Ebene nach Colmberg radeln.

Unterwegs verändert die Landschaft ihr Bild. Vom Taubergrund geht es über die Frankenhöhe mit ihren Wäldern und Streuobstwiesen, weiter durch die Wiesen und Felder des oberen Altmühltals zum Fränkischen Seenland und zu den steilen Formationen des Jura. In Kelheim schließt sich an den Altmühlradweg nahtlos der Donauradweg an, der von der Quelle bis zur Mündung der Donau verläuft.

Streckenbeschreibungen mit Karten und GPX-Daten:
Tourismusverband Romantisches Franken,
www.romantisches-franken.de/Aktiv/Radfahren.html

Informationszentrum Naturpark Altmühltal:
www.naturpark-altmuehltal.de

KLEENE
150970 S
VARUNA

Fränkisches Seenland

*

VERGNÜGEN AM WASSER

*

Als Freizeitregion spielt das Fränkische Seenland unangefochten in der obersten Liga. Hier finden nicht nur Wassersportler und Sonnenanbeter an den neu geschaffenen Seen ihr Mekka, sondern auch Naturfreunde sowie Kulturinteressierte in den hübschen Dörfern und Städten.

Segeln, Schwimmen, Sonnenbaden: Der Große Brombachsee bietet dafür die besten Bedingungen.

„Tor zum Fränkischen Seenland" nennt sich Ornbau, wo eine steinerne Brücke aus dem 17. Jahrhundert die Altmühl überspannt.

WOLFRAMS-ESCHENBACH ZEIGT SICH ALS GUT GELAUNTE MITTELALTER-SCHÖNHEIT.

Jugend hat viel Herrlichkeit, Alter Seufzen viel und Leid", so schrieb Wolfram von Eschenbach. Auf seine Heimatstadt trifft das eher nicht zu, denn Wolframs-Eschenbach zeigt sich als gut gelaunte Mittelalter-Schönheit, in der der Deutschherrenorden „köstliche Häuser" baute und man abends gern beim Bier zusammensitzt. Der Dichter, der mit seinem Versepos „Parzival" Weltliteratur schuf, kam um 1170 im damaligen Obereschenbach zur Welt. Seinen heutigen Namen erhielt das Städtchen erst 1917 durch ein Dekret von König Ludwig III. von Bayern, mitten im Ersten Weltkrieg.

In Wolframs-Eschenbach ist man stolz auf den Minnesänger, dem man im barocken Alten Rathaus ein Museum gewidmet hat. Die Geschichte des benachbarten Liebfrauenmünsters begann schon Jahrhunderte vor Wolframs Geburt. Gäbe es hinter dem Deutschherrenschloss noch immer den Misthaufen – dass der dort früher vor sich hin dünstete, hat man abends beim Wirtshausschwatz erfahren –, würde man sich noch schneller in alte Zeiten zurückversetzt fühlen. Aus dem Mittelalter heraus führt die Hauptstraße mit den stattlichen Ackerbürgerhäusern, und hinter dem Oberen Tor aus dem 13. Jahrhundert ist man wieder zurück in der Neuzeit.

KRAUT- UND KLEINSTADT

Das benachbarte Merkendorf steht ganz im Zeichen der Krautköpfe. In der Altstadt stellen die Brunnenfiguren vor dem Rathaus ein Krautbauernpaar dar, Krautfeste werden gefeiert, selbst eine Krautkönigin wird gewählt. An die Zeiten des großen Krautbooms im 18. Jahrhundert reichen die Erträge nicht mehr heran, doch noch immer zeichnen im Umland blaue, grüne und spitze Kohlköpfe ihre feinen geometrischen Formen in die Landschaft.

Nur einen Katzensprung entfernt gibt Ornbau der Bezeichnung „Stadt" eine ganz neue Bedeutung. Mit gut 1700 Einwohnern ist es eher eine Kleinst- als eine Kleinstadt. Bei Ornbau kann man die Vogelwelt in den Feuchtwiesen des Wiesmet erkunden oder zum Altmühlsee radeln, um vom Beobachtungsturm an der Vogelinsel nach Seeadlern Ausschau zu halten.

ERHOLUNGSSEE-LIG

Und schon ist man mitten drin im Fränkischen Seenland, das erst ab den 1970er-Jahren geschaffen wurde, aber dennoch für Familien, Sportler und Kulturgenießer von der Freizeitkarte nicht mehr wegzudenken ist. Die sieben Seen bieten Sport und Spaß am und ums Wasser: Baden und Sonnenbaden auf Uferwiesen

Wolframs-Eschenbach: Rechts das Rathaus, links der fein sanierte Fachwerkbau der Alten Vogtei, heute ein Restaurant

Wer die Fachwerkhäuser genau studiert, entdeckt so manche kleine Schönheit, wie diese Madonnenfigur – oder die Störche auf dem Dach.

Abendlicht versetzt romantische Naturen unschwer zurück in die Zeit Wolframs von Eschenbach. Der große Minnesänger und Dichter des „Parzival“ wurde um 1170 hier geboren.

Surfer am Altmühlsee: Der Freizeitspaß auf der Fränkischen Seenplatte ist nicht zuletzt einem Wasserversorgungsprojekt zu verdanken.

Auch der Große Brombachsee ist künstlich angelegt. Er ist der größte Stausee der Fränkischen Seenplatte.

und an Sandstränden, Segeln – die Marina Ramsberg am Großen Brombachsee ist der größte Binnensegelhafen Deutschlands –, Wind- und Kitesurfen, Wakeboarden, Ziplining, Tauchen, Bootfahren, Angeln ... Über den Altmühlsee und den Großen Brombachsee kann man sogar mit Ausflugsbooten schippern.

Viele Besucher kombinieren Schiffsfahrten mit einer Radtour auf dem über 1500 Kilometer langen Radwegenetz der Region, das an den Altmühltalradweg und den MD-Radweg entlang des Main-Donau-Kanals bis Nürnberg angebunden ist. Der fast vollständig ebene Fränkische Seenlandweg führt auf 63 Kilometern vom Altmühlsee über den Brombachsee bis zum Rothsee.

ÜBER DIE GRENZE

Eine Station auf der Radtour ist Gunzenhausen, wo man in den Cafés am Marktplatz, am Strand am Altmühlsee oder im Saunadorf im Freizeitbad Juramare grenzenlos entspannen und gar eine Grenze überschreiten kann. „Limes“ steht auf dem Boden, und tatsächlich ist Gunzenhausen in Bayern die einzige Stadt, durch die die ehemalige Außengrenze des Römischen Reiches direkt führt. Das einstige Kastell ist heute vom Stadtzentrum überbaut, Reste der Befestigungen sind im Burgstallwald zu sehen. Sie fas-

Special

Geografie

Frankens Wasserlandschaft

Reicher Süden, armer Norden, hieß es früher, zumindest was die Verteilung des Wassers in Bayern anging. Damit auch das nördliche Bayern – und vor allem der Ballungsraum Nürnberg – vom Wasserreichtum des Südens profitiert, beschloss der Bayerische Landtag 1970 ein Mammutprojekt: ein Überleitungssystem, das Wasser aus dem Altmühl- und Donautal in das Regnitz-Main-Gebiet bringt. 1974 rollten die ersten Bagger an, im Jahr 2000 war das 460 Millionen Euro teure Projekt mit der Einweihung des Großen Brombachsees beendet.

Heute pumpt man über den Main-Donau-Kanal jährlich rund 125 Millionen Kubikmeter Wasser in den Rothsee. Die (Hoch-)Wasser der Altmühl – ca. 25 Millionen Kubikmeter im Jahr – werden im Zuleiter zwischen Ornbau und Muhr kanalisiert und im Altmühlsee aufgestaut, bevor sie per Überleiter in den Kleinen und Großen Brombachsee fließen. In Trockenzeiten wird das im Roth- und Großen Brombachsee gespeicherte Wasser über die unterhalb liegenden Flüsse in das Regnitz-Main-Gebiet abgegeben. Zuständig für das Überleitungssystem, zu dem neben den Stauanlagen mehr als 100 Brücken und Stege, 27 Flusswehre und fünf Wasserkraftwerke gehören, ist das Wasserwirtschaftsamt Ansbach.

Als willkommener Nebeneffekt sind die Stauseen entstanden, die das Gebiet zur beliebten Freizeitregion werden ließen. Mit insgesamt 12,1 Quadratkilometer Wasserfläche ist der Brombach-/Igelsbachsee größer als der Tegernsee. Der Altmühlsee ist mit 4,5 Quadratkilometern nicht viel kleiner als der Königssee. Mit 2,2 Quadratkilometern ist der Rothsee groß genug zum Segeln. Nicht zum Überleitungssystem gehören die Zwerge der Seenplatte: der Hahnenkammsee (0,23 Quadratkilometer) und der Dennenloher See (0,22 Quadratkilometer).

Die heutige Idylle hatte ihren Preis: Damit der Rothsee aufgestaut werden konnte, mussten die Einwohner von Hasenbruck und Fischhof umgesiedelt werden.

Der größte Teil des Altmühlsees steht unter Naturschutz. Auf dem Rundweg durchs Naturschutzgebiet Vogelinsel sieht man, was dort wächst, fliegt und gedeiht.

Am Großen Brombachsee: Strandbad Enderndorf (unten) lockt zum Schwimmen, Erfrischungen gibt's dann in der Strandbar Seeklause, einem der schönsten Biergärten Frankens (Mitte).

Gunzenhausens Panoramaseite: Links die Stadtkirche St. Maria Virginis (15. Jh.), rechts der Färberturm aus dem 14. Jh., ein Teil der Stadtbefestigung

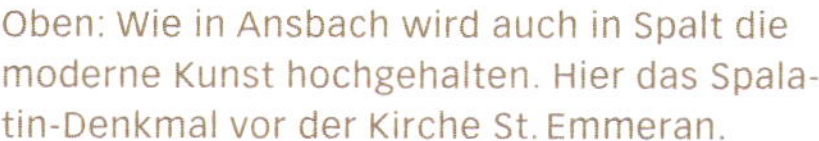

Oben: Wie in Ansbach wird auch in Spalt die moderne Kunst hochgehalten. Hier das Spalatin-Denkmal vor der Kirche St. Emmeran.

Rechts Mitte: Der reiche Bilderschmuck in der Stiftskirche St. Nikolaus (18. Jh.) in Spalt ist dem Leben des Heiligen Nikolaus gewidmet.

Aus römischer Sicht begann jenseits des Limes das Land der Barbaren. Wie diese ferngehalten werden sollten, zeigt ein Nachbau des Obergermanisch-Raetischen Limes bei Gunzenhausen.

Wie so viele Städte der Region besitzt auch Gunzenhausen eine gut in Schuss gehaltene historische Altstadt. Gebummelt wird gern in der Weißenburger Straße.

zinierten schon im 19. Jahrhundert den Gunzenhauser Medizinalrat Heinrich Eidam, der der Geschichte seiner Heimat auf den Grund ging und als Streckenkommissar der Reichs-Limeskommission den Verlauf des Grenzwalls erforschte.

IM SPALTER LAND

Brombachseer Kirschen- und Spalter Hopfenland – der Name ist Programm. Bei Kalbensteinberg wurden bereits um 1600 Kirschen angebaut, aber auch andere Obstsorten gedeihen hier gut und werden in der Ortschaft zu fruchtigen Schnäpsen gebrannt. Wo gleich hinter dem Ortsausgang Richtung Spalt der Offenbrunngraben durch ein liebliches Tal fließt, stehen links unglaublich dicke Charolais-Rinder auf der steilen Weide und liegt rechts einer der wunderschönen Kirschgärten. Bis zu 120 Jahre sind die hohen Bäume alt, deren Gestalten so charaktervoll sind wie die Aromen ihrer uralten Sorten.

Richtung Spalt mehren sich die Hopfenfelder, ist das 1200 Jahre alte Städtchen doch das Zentrum eines traditionsreichen Anbaugebiets. Schon vor 650 Jahren ließ man hier den Hopfen in den Himmel wachsen, während man zu dieser Zeit andernorts nur auf Weinbau setzte. Im Stadtbild hat der berühmte Spalter Aromahopfen seine Spuren hinterlassen, denn viele der schönen Fachwerkhäuser haben mehrstöckige Dachböden, in denen früher das grüne Gold getrocknet wurde. Und Bier wird hier natürlich auch gebraut, in Deutschlands letzter kommunaler Brauerei. Probieren kann man es im Biermuseum oder auch in einer der Spalter Gaststätten.

VON DER BURG ZUM SCHLOSS

Einkehren kann man auch auf Burg Abenberg, sich sogar stilecht mit einem Rittermenü stärken. Bis ins 11. Jahrhundert reicht die Geschichte der Burg zurück, die Wolfram von Eschenbach im „Parzival“ verewigt hat. Allerdings beschwerte er sich darin über den Zustand der Turnierwiese. Damit solche ewigen

Klagen nicht mehr vorkommen, wurde die mächtige Anlage immer mal wieder umgebaut.

FEINE DRAHTZIEHER

Emsig am Werkeln ist man auch in Roth, das in den 1960er-Jahren den Titel „industriereichste Kleinstadt“ führte. Bei einem Spaziergang durch die Altstadt mit den Fachwerkhäusern stößt man auf das Renaissance-Schloss Ratibor, heute ein Museum. In das ehemalige Jagdschloss der Markgrafen von Brandenburg-Ansbach zog 1791 Johann Philipp Stieber ein, der Roths Industrie zum Laufen brachte.

Drahtzieher hatte es in den Mühlen der Umgebung schon lange gegeben, und 1621 brachte der Hugenotte George Fournier die Leonische Industrie in die Stadt: die Kunst, feine vergoldete oder versilberte Drähte für Gespinste und Gewebe herzustellen. Stieber verlegte die Leonischen Werkstätten in eine Fabrik mit damals topmodernen Maschinen, die heute als Museum zu besichtigen ist. Auf diese Weise baute er das Handwerk zu einer blühenden Industrie aus, die das Städtchen vor allem im 19. Jahrhundert prägte. Heute spielt die Leonische Industrie hier keine große Rolle mehr, aber Roth ist immer noch „voll auf Draht“, wie die Stadt sich selbst stolz darstellt. Statt glänzende Tressen herzustellen, zieht man heute wieder wie vor Jahrhunderten reine Gebrauchsdrähte und produziert Kabel.

UND WEITER ZUR RESIDENZ

Der reizvollste Weg in die Nachbarstadt Hilpoltstein führt zu Fuß auf dem Mühlenweg durch das idyllische Tal der Roth, vorbei an historischen Mühlen. In der Residenz, die sich Johann Friedrich als Pfalzgraf von Pfalz-Hilpoltstein 1618 erbauen ließ, sitzen heute Ämter und die Touristeninformation. Große Feste werden hier nicht mehr gefeiert – dafür umso mehr in der Ruine der gut tausend Jahre alten Burg, stilecht kostümiert bei Mittelalterfesten, beim Burgfest und mit Theater beim Burgspiel.

Roth (ganz oben) bewahrt Zeugnisse der Leonischen Industrie – der Kunst, Draht zu spinnen (unten). Hilpoltsteins fürstliche Pracht entfaltet sich in der Residenz (oben).

Oben: Die Burgruine Hilpoltstein bietet seit 70 Jahren eine eindrucksvolle Kulisse für das sommerliche Freilichttheater.

Links: Zu Füßen der Burg liegt die hübsche Altstadt von Hilpoltstein.

Bier

IM HOPFENLAND

In Weltenburg steht die älteste noch arbeitende Klosterbrauerei der Welt, im Spalter Land wird seit Jahrhunderten feinster Edelhopfen angebaut, und auch im Altmühltal versteht man sich auf die Kunst des Brauens. Die Gasthäuser und Biergärten der gesamten Region versprechen echten Biergenuss.

Maximilian Krieger werkt am Braukessel im Riedenburger Brauhaus.

Bei diesem Thema wird man im Altmühltal poetisch. „Das Bier perlte wunderbar, die zurückgebliebenen Feststoffe machten es undurchsichtig trüb, und zuoberst bildete sich eine feste Schaumkrone, die sich gleichmäßig etwa anderthalb Zentimeter über den Glasrand hinaus auftürmte. Besser und würdiger konnte man eine Halbe nicht kredenzen", schreibt Thomas Neumeier in seinem Altmühltal-Krimi, der in Beilngries spielt und passenderweise „Reinheitsgebot" heißt. Mehr soll nicht verraten werden, außer dass beim Bierbrauen das richtige Wasser eine wichtige Rolle spielt – und natürlich neben dem Malz der richtige Hopfen.

DAS GRÜNE GOLD

Während der Erntezeit im August laufen auf dem Hof von Michael Forster in Altmannstein laut ratternd die Maschinen, die die Dolden von den Reben trennen und zum Trocknen befördern. Es ist warm an diesem Abend, und oben auf der Darre wird es heiß. Schwitzend steigt man die Treppen hoch. Um die Dolden zu konservieren, werden sie dort bei einer Temperatur von rund 65 Grad Celsius innerhalb weniger Stunden auf etwa zehn Prozent Wassergehalt getrocknet. Es erfordert Fingerspitzengefühl und eine Menge Erfahrung, um zu wissen, wann der Hopfen „passt".

Die Hopfengärten von Altmannstein sind ein Siegelbezirk („Siegel" bürgen für die Echtheit des Hopfens) in der Hallertau, dem größten zusammenhängenden Hopfenanbaugebiet der Welt. Auf rund 14 000 Hektar ranken hier die Hopfenreben viele Meter hoch in den Himmel. Der Ertrag deckt rund 85 Prozent des deutschen und gut ein Drittel des Weltmarkts.

Auch im Naturpark Altmühltal wird Hopfen angebaut, bei Beilngries und Kinding. Sie gehören zum Anbaugebiet des weltberühmten Aromahopfens von Spalt. Urkundlich belegt ist der Hopfenanbau hier seit 1341. Um seine hohe Qualität zu schützen, erhielt er bereits 1538 vom Eichstätter Fürstbischof, dem damaligen Landesherrn, das erste Hopfensiegel der Welt. Seit 2012 ist der Spalter Hopfen als geschützte Ursprungsbezeichnung bei der EU eingetragen.

Ohne Hopfen kein Bier. In der Region um Spalt wird der berühmte Aromahopfen angebaut.

So lässt sich der Sommer aushalten: Biergarten Weißes Bräuhaus in Kelheim und Produktpalette der Biobrauerei Riedenburger Brauhaus.

EINMALIG KOMMUNAL

In Deutschland gibt es über 1500 Brauereien, vom Großkonzern bis zur Hausbrauerei; rund 640 davon finden sich in Bayern. Allein im Naturpark Altmühltal sind es 25 und in den Landkreisen von der Quelle bis zur Mündung mehr als 60. Die Spalter Stadtbrauerei nimmt dabei eine Sonderstellung ein, denn sie ist deutschlandweit die letzte kommunale Brauerei. Ihre Besitzer sind die Spalter Bürger, die mit ihrem Bürgermeister zugleich auch den Geschäftsführer wählen. Seit 2011 ist sie Mitglied von „Slow Brewing", dessen Gütesiegel ein behutsames Herstellungsverfahren und die Verwendung hochwertiger Rohstoffe garantiert.

DEN KLÖSTERN SEI DANK

Als Heilpflanze bei Magenbeschwerden oder Schlafproblemen war der Hopfen schon in der Antike bekannt, seine Karriere in der Braukunst verdankt er wohl den Klöstern. In Spalt waren es die Benediktiner, die um 810 seinen Anbau in der Region initiierten. Dabei ging es im Mittelalter weniger um den Geschmack des Bieres, das vor Einführung des Reinheitsgebots 1516 mit allen möglichen Pflanzen gewürzt wurde, als um die konservierende, antibakterielle Wirkung, die man aus der Volksmedizin kannte. Nach einem alten Benediktinerrezept und mit eigenem Quellwasser braut in Weltenburg die Klosterbrauerei das „Barock Dunkel", das nur schwach filtriert und nicht pasteurisiert im Felsenkeller reift und über eine Pipeline direkt in die Klosterschenke läuft. Diese älteste noch bestehende Klosterbrauerei der Welt ist seit 1050 in Betrieb. Am besten probiert man die Erzeugnisse im wunderschönen Biergarten des Areals.

Ein urgemütlicher Biergarten gehört auch zum Weissen Bräuhaus in Kelheim, das seit 1607 Weizenbier braut und damit die älteste Weißbierbrauerei Bayerns ist. Unter Maximilian I. (1598–1651) fiel das Recht, Weizenbier zu brauen, an die bayerischen Landesherren, die sich damit erhebliche Staatseinnahmen sicherten. Das „Weißbiermonopol" wurde erst 1798 aufgehoben. Die „Schneider Weiße" des Weissen Bräuhauses ist deutschlandweit ein Renner.

In der Brauerei Gutmann in Titting, die seit 1913 ausschließlich Hefeweizen braut, kann man bei Führungen hinter die Kulissen blicken und bekommt dabei auch die eigene Mälzerei zu sehen, auf die man bei Gutmann besonders stolz ist.

Braukunst erleben

Hopfen
Hopfenerlebnishof Michael Forster in Altmannstein, Führungen nach Voranmeldung: www.hopfenerlebnishof.de

Biermuseen
HopfenBierGut in Spalt: www.hopfenbiergut.de;
Brauereimuseum in Beilngries: www.beilngries.de;
Heimat- und Brauereimuseum in Pleinfeld: www.pleinfeld.de

Brauereiführungen (Auswahl)
Stadtbrauerei Spalt: www.spalter-bier.de; Brauerei Gutmann in Titting: www.brauerei-gutmann.de; Riedenburger Brauhaus: www.riedenburger.de; Klosterbrauerei Weltenburg: www.weltenburger.de; Kuchlbauer in Abensberg: www.kuchlbauer.de

Braukunst trifft Baukunst: In Abensberg besitzt die Weißbierbrauerei Kuchlbauer einen Turm von Friedensreich Hundertwasser und Peter Pelikan.

Maßstab 1:200.000
NÜRNBERG
Leinburg
ALTDORF
Winkelhaid
Feucht
Burgthann
Schwarzenbruck
Wendelstein
Postbauer-Heng
Pyrbaum
Allersberg
FREYSTADT
Schwanstetten
Rednitzhembach
OBER-ASBACH
STEIN
Ammerndorf
Roßtal
Großhabersdorf
Dietenhofen
Naturpark
Frankenhöhe
Weihenzell
Bruckberg
HEILSBRONN
Rohr
SCHWABACH
Petersaurach
Sachsen bei Ansbach
Lichtenau
Neuendettelsau
Kammerstein
Büchenbach
ROTH
WINDSBACH
ABENBERG
WOLFRAMS-ESCHENBACH
MERKENDORF
Mitteleschenbach
Auf dem Sand
Georgensgmünd
HILPOLTSTEIN
Weidenbach
ORNBAU
Haundorf
SPALT
Muhr am See
Fränkisches Seenland
Absberg
Großer Brombachsee
Röttenbach
HEIDECK
GUNZENHAUSEN
Pleinfeld
Naturpark

VIELFÄLTIGE SEENLANDSCHAFT

Das Fränkische Seenland ist ein attraktives Urlaubs- und Erholungsgebiet. Hier bieten sieben Seen Sport- und Freizeitmöglichkeiten, führen Wander- und Radtouren durch Wälder, Wiesen, Obst- und Hopfengärten. Unterwegs entdeckt man Burgen, historische Mühlen und Städte mit interessanter Geschichte und breitem Unterhaltungsangebot.

1 Wolframs-Eschenbach

Die Stadt (3100 Einw.), die urspr. Obereschenbach hieß, wurde zu Ehren des vermutlich hier geborenen Wolfram von Eschenbach 1917 in Wolframs-Eschenbach umbenannt. Den historischen Kern innerhalb der unter dem Deutschen Orden errichteten Stadtmauer (14./15. Jh.) prägen Bauten aus Mittelalter und Renaissance.

SEHENSWERT
Das romanisch-gotische **Liebfrauenmünster** (ab 13. Jh.) ist eine der ältesten Hallenkirchen Deutschlands; der Rosenkranzaltar (1510) stammt aus der Schule von Veit Stoß. Nebenan stehen das **Deutschordensschloss** (1623), ein Renaissance-Bau, und die Zehntscheune von 1596/97. Das barocke **Alte Rathaus** (1684/85) mit dem **Museum Wolfram von Eschenbach** (April–Okt. Di.–So. 14.00–17.00, So. auch 10.30 bis 12.00, sonst Sa./So. 14.00–17.00 Uhr) vervollständigt das Ensemble. Eine **Lauschtour** (App oder iPod im Tourismusbüro ausleihen) erzählt an diversen Stationen in der Stadt aus der Zeit der Minnesänger.

INFORMATION
Bürger- und Tourismusbüro, Wolfram-von-Eschenbach-Platz 1, 91639 Wolframs-Eschenbach, Tel. 09875 975 50, www.wolframs-eschenbach.de

2 Merkendorf

Das gut tausend Jahre alte Merkendorf mit 3000 Einw. ist die „Krautstadt" der Region. Die Stadtmauer stammt aus dem 14. Jh.

SEHENSWERT
Am **Marktplatz** steht das gotische Rathaus (15. Jh.), davor plätschert der **Krautbrunnen**. Auf der ehemaligen Zehntscheune nistet ein Storchenpaar; im Innern beherbergt sie das **Heimatmuseum** (Marktplatz 4; März–Okt. 3. So. im Monat 14.00–17.00 Uhr).

ERLEBEN
Vielfältig kreativ ist das Angebot der **Sommerakademie** mit ein- oder mehrtägigen Bildhauer-, Mal- und Literaturkursen (www.merkendorf.de).

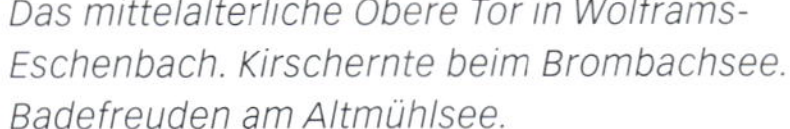

Das mittelalterliche Obere Tor in Wolframs-Eschenbach. Kirschernte beim Brombachsee. Badefreuden am Altmühlsee.

VERANSTALTUNGEN
Beim **Heglauer Krautfest** (3. So. im Sept.) hat der Krautbauernhof Reuter Tag der offenen Tür (Heglau 8, www.merkendorfer-kraut.de).

INFORMATION
Touristinformation, Marktplatz 1, 91732 Merkendorf, Tel. 09826 65 00, www.merkendorf.de

3 Ornbau

Das rund 1200 Jahre alte malerische Ornbau ist mit gut 1700 Einwohnern eine der kleinsten Städte Deutschlands.

SEHENSWERT
Über die steinerne **Brücke** (17. Jh.) wacht eine barocke Sandsteinskulptur des heiligen Nepomuk (1752). Die Pfarrkirche **St. Jakobus** wurde seit 1058 immer wieder umgebaut – zuletzt geschah dies 1966/1967.

ERLEBEN
Im Ortsteil Gern liegt am Altmühlzuleiter das **Freizeitzentrum** mit Bademöglichkeit und Bootsverleih. Bis zum Altmühlsee erstrecken sich die Feuchtwiesen des **Wiesmet** (1100 ha); auf dem Rundweg ab Ornbau und einer Plattform bei Mörsach kann man Vögel beobachten.

UMGEBUNG
Am **Altmühlsee** (8 km südl.) liegt das über 200 ha große Naturschutzgebiet **Vogelinsel** **TOPZIEL**. Mehr als 300 Vogelarten, auch seltene Wasser- und Watvögel, sind in dem bedeutenden Brut- und Rastgebiet nachgewiesen. Ein 1,5 km langer Rundweg und Führungen beginnen am Infohaus des Landesbunds für Vogelschutz in Muhr am See (Parkplatz Fichtenstraße); Dauerausstellung in der LBV-Umweltstation (Schlossstr. 2, beide www.altmuehlsee.lbv.de).

INFORMATION
Stadt Ornbau, Altstadt 7, 91737 Ornbau, Tel. 09826 62 20 70, www.ornbau.de

4 Gunzenhausen

Gunzenhausen (17 200 Einw.), der städtische Mittelpunkt der zentralen Seenregion, hat neben touristischer Infrastruktur auch Kultur und einen hohen Freizeitwert zu bieten.

SEHENSWERT
Den **Marktplatz** prägen barocke Bauten; älter sind die Reste der Stadtmauer mit dem **Blasturm** (1603) und dem **Färberturm** (um 1300), von dem man eine schöne Aussicht hat. Im Ortszentrum steht die gotische Stadtkirche **St. Marien** (Kirchenplatz 11) mit den mittelalterlichen Fresken auf dem Areal des **Römerkastells**. Zu den Resten des **Limes** führt ein Rundweg (4 km) im Burgstallwald.

MUSEEN
Das **Archäologische Museum** legt seinen Schwerpunkt auf die Römerzeit (Brunnenstr. 1, https://archaeologisches-museum.gunzenhausen.de; Mo.–Fr. 9.00–12.30, 14.00–17.00 Uhr). Fossilien aus aller Welt zeigt das **Fossilien- und Steindruckmuseum** (Sonnenstr. 4, www.fossilien-und-steindruck-museum.de; Gründonnerstag–Ende Nov. Do.–So. 10.00 bis 12.00, 14.00–17.00 Uhr).

UMGEBUNG
In **Absberg** (12 km östl.) verkauft die Prunothek flüssiges Obst (Hauptstr. 10, Tel. 09175 840, www.echtbrombachseer.de). 15 km östl. verkehrt auf dem **Brombachsee** der Trimaran MS Brombachsee (www.msbrombachsee.com; April–Nov.). 20 km östl. sorgen in **Pleinfeld** die Fürst Carl Sommerrodelbahn & Adventure Golf (www.fuerst-carl.de; Ende März–Anf. Nov.) sowie der Indoor Fun Park (Mackenmühle 29, www.funpark-pleinfeld.de) für Unterhaltung. 26 km südöstl. erzählt bei Wittelshofen das Limeseum im Römerpark **Ruffenhofen** anschaulich vom römischen Leben am Limes (www.limeseum.de; Di.–Fr. 10.00–16.00, Sa., So., Fei. 11.00–17.00 Uhr).
10 km westl. bietet das San-Shine-Camp auf der Nordseite des **Kleinen Brombachsees** Bogenschießen, Tiergehege und Holztipis zum Übernachten (Badehalbinsel 1 a, Absberg, Tel. 0172 8 47 32 82, www.san-aktiv-tours.de).

INFORMATION
Tourist Info, Rathausstr. 12,
91710 Gunzenhausen, Tel. 09831 50 83 00,
www.gunzenhausen.de

Wohnen auf dem Wasser

Für alle, die vom Wasser gar nicht genug bekommen können, bieten die schwimmenden **€€€** Ferienhäuser im Floating Village Brombachsee eine Alternative zum Urlaub auf dem Festland. Wie auf einer Insel wohnt man in den komfortablen Wasservillen mit Küche, Kamin, Dach- und Deckterrasse in der Marina Ramsberg am Großen Brombachsee. Die Häuser bieten Platz für vier Personen.

Buchung
ELG Eco Lodges, Tel. 089 51 11 02 01,
www.eco-lodges.de

5 Spalt

Die 1200 Jahre alte Stadt (5200 Einw.) entwickelte sich aus dem fränkischen Urkloster St. Salvator. Aus Spalt stammt der Reformator Georg Spalatin (1484–1545), ein Freund Martin Luthers. Seit 2016 gehört die Stadt dem internationalen Cittàslow-Netzwerk an.

SEHENSWERT
In die teils erhaltene **Stadtmauer** integriert ist das **Schlenzgerhaus** im Westen. Das **Rathaus** (1751–56) residiert in einem barocken Palais. Stuck der Wessobrunner Schule ziert die benachbarte barocke Kirche **St. Nikolaus**. An der Friedhofsmauer steht das **Spalatin-Denkmal**. 1519 schenkte Georg Spalatin der Kirche **St. Emmeran** die Spalatin-Madonna. Im Kornhaus widmet sich das **Museum HopfenBierGut** dem Spalter Hopfen und Bier (Gabrieliplatz 1, www.hopfenbiergut.de; Di.–So. 10.00 bis 17.00 Uhr).

VERANSTALTUNGEN
Die **Sommernachtsspiele** bringen im Juli Komödien auf die Freilichtbühne im Bürgergarten (http://sommernachtsspiele-spalt.de).

UMGEBUNG
In **Kalbensteinberg** (6 km westl.) veranstaltet die Brennerei Kalbensteinberg Schaubrennen und Verkostungen der „Original Kalber Brände" (Kalbensteinberg 140, www.brennerei-kalbensteinberg.de). Ein Highlight ist im Juli das Kirschhoffest in den Kirschhochburgen Kalbensteinberg und Großweingarten (www.frankentourismus.de). Östlicher Nachbarort von Spalt ist **Georgensgmünd** mit einem der ältesten und größten jüdischen Friedhöfe Bayerns.

INFORMATION
Tourist-Information, Gabrieliplatz 1,
91174 Spalt, Tel. 09175 79 65 50,
www.spalt.de

Naturschutzgebiet Vogelinsel im Altmühlsee: Rückzugsraum für seltene Wasservögel

6 Abenberg

Die knapp 1000 Jahre alte Stadt (5500 Einw.) gehörte bis 1803 dem Fürstbistum Eichstätt und ist Station an der Burgenstraße.

SEHENSWERT
Burg Abenberg (urspr. 11. Jh.) dient heute als Museum und Hotel-Restaurant. In der Burg lädt das **Haus fränkischer Geschichte** zu einer Zeitreise durch Franken und in die Welt der Ritter ein; das **Klöppelmuseum** präsentiert Spitzen (Burgstr. 16, www.museen-abenberg.de; April–Okt. Di.–So., März, Nov., Dez. Do.–So. 11.00–17.00 Uhr).

HOTEL/RESTAURANT
Zum **€€ Hotel Burg Abenberg** mit 22 Zimmern in historischem Ambiente gehört das Feinschmeckerlokal **€€€€ MUNDart** (Burgstr. 16, Tel. 09178 98 29 90, www.hotel-burg-abenberg.de).

INFORMATION
Stadt Abenberg, Stillaplatz 1,
91183 Abenberg, Tel. 09178 9 88 00,
www.abenberg.de

7 Roth

Die Kreisstadt an der Roth (25 000 Einw.) unterstand bis 1792 dem Fürstentum Ansbach. Vom späten 18. bis ins 20. Jh. war sie ein Zentrum der Leonischen Industrie (Drahtherstellung).

SEHENSWERT
Ein Wahrzeichen ist **Schloss Ratibor** (1535 bis 1538) aus der Renaissance. Das Museum im Schloss besitzt eine Sammlung zur Geschichte von Schloss und Stadt (www.schloss-ratibor.de; März–Sept. Di.–So. 10.00–17.00 Uhr).
Ein Bummel führt zum **Alten Rathaus** (Hauptstr. 14) mit Rokoko-Dach von 1759, durch die Kugelbühlstraße und zum **Marktplatz** mit Rokoko-Brunnen und dem Zierfachhaus **Riffelmacherhaus** (17./18. Jh.).
Der Leonischen Industrie widmet sich das **Fabrikmuseum** (Obere Mühle 4, www.fabrikmuseum-roth.de; April–Okt. So. 14.30–16.30, Führung 15.00 Uhr).

VERANSTALTUNGEN
Überregional bekannt ist der **Triathlon DATEV Challenge Roth** (www.challenge-roth.com);

der weltweit größte Triathlon über die Langdistanz findet im Juli statt. Die **Bluestage** im März/April (www.bluestage.de) steigen u. a. in der Kulturfabrik (Stieberstr. 7, www.kultur fabrik.de). Zum Altstadtfest am 2. So. im Sept. gehört ein buntes Programm.

UMGEBUNG
Bei **Eckersmühlen** (6 km südöstl.) liegt das Museum Historischer Eisenhammer (s. rechts; Tel. 09171 81 20 20; April–Okt. Mi.–So., März Sa., So., Fei. 13.00–17.00 Uhr).
Der **Rothsee** (10 km südöstl.) bietet Möglichkeiten zum Baden, Windsurfen, Segeln, Angeln, Wandern und Radfahren.

INFORMATION
Tourist-Information im Schloss Ratibor, Hauptstr. 1, 91154 Roth, Teil. 09171 84 85 13, www.stadt-roth.de

8 Hilpoltstein

Hilpoltstein (13 700 Einw.) und seine Burg blicken auf eine über tausend Jahre alte Geschichte zurück. Das historische Stadtbild wird von Sandstein- und Fachwerkhäusern geprägt.

SEHENSWERT
Zur Stadtbefestigung gehört die Ruine der **Burg** (um 1100, Umbau 17. Jh.; April–Okt. 10.30 bis 17.00 Uhr, Führungen oder Flyer für selbstständigen Rundgang bei der Tourist-Info) mit dem Traidkasten, dem alten Kornspeicher, von 1473 (heute „Haus des Gastes"). Auf der Stadtmauer steht auch der ehemalige Adelssitz **Jahrsdorferhaus** (1523; Johann-Friedrich-Str. 13). Die **Stadtmauer** (13. Jh.) kann bei einem 1,5 km langen Rundgang erkundet werden. Das **Residenzschloss** (1618; Kirchenstr. 1) ist Sitz von Ämtern. Die benachbarte gotische **Pfarrkirche** wurde 1732 barockisiert. Sehr schön ist das **Rathaus** von 1417 (Marktstr. 1).

RESTAURANTS
Das Gasthaus **€ Gutmann zur Post** hat einen idyllischen Biergarten und serviert bayerisch-fränkische Küche (Marktstr. 8, Tel. 09174 4 79 50, www.gutmann-zur-post.de).
Der historische **€€/€€€ Landgasthof Fuchsmühle**, 4 km südwestl., ist eine Station auf dem Mühlenweg (s. rechts; Tel. 09174 93 85, www.fuchsmühle.de).

VERANSTALTUNG
Mittelalterfest im Mai, **Burgfest und Burgspiel** im Juli/Aug. (s. S. 114/115). Bei **Rock hinter der Burg** im Aug. treten Livebands auf. Unter dem Namen **ResidenzKultur** finden das ganze Jahr über in der Residenz wechselnde Kunstausstellungen, Konzerte, Kabarett und Theatervorstellungen statt.

INFORMATION
Amt für Kultur und Tourismus, Kirchenstr. 1, 91161 Hilpoltstein, Tel. 09174 97 85 05, www.hilpoltstein.de

AUF DEN SPUREN DER MÜLLER

Der Mühlenweg von Roth nach Hilpoltstein führt durch die malerische Landschaft entlang der Roth zu 17 historischen und teils noch genutzten Mühlen, in denen früher Mehl gemahlen, Eisen geschmiedet, Holz verarbeitet, Wolle zu Loden gewalkt und vieles mehr produziert wurde.

Immer dem Mühlrad auf blauem Grund folgend, wandert man am Flussufer entlang auf naturnahen Wegen, die teils auch zum Radfahren geeignet sind. Highlights sind unter anderem das Fabrikmuseum der Leonischen Industrie in Roth und der Historische Eisenhammer in Eckersmühlen, in dem der Schmied noch heute die Funken sprühen lässt. In der Schweizermühle bei Hofstetten dreht sich noch das große Wasserrad; hier kann man sich mit allen möglichen Mehlsorten eindecken.

Heißer Beruf: Im Historischen Eisenhammer in Eckertsmühlen zeigt ein Fachkundiger, wie einst die Schmiede arbeiteten.

Insgesamt ist die Strecke rund 19 Kilometer lang, als reine Gehzeit sollten vier bis fünf Stunden eingeplant werden. Der Weg lässt sich jedoch problemlos in zwei Etappen unterteilen: Am ersten Tag geht es von Roth nach Hilpoltstein, am zweiten dann von Hilpoltstein nach Eysölden.

Für Stärkung sorgen einige Gasthöfe entlang des Weges. Besonders schön gelegen ist unweit der Schweizermühle der Landgasthof Fuchsmühle (s. links) in einem Gebäude von 1742. Die Geschichte der einstigen Mühle reicht gar bis ins 14. Jahrhundert zurück. Heute lässt man sich im Biergarten als Spezialitäten heimische Fische und Damwild schmecken.

Broschüre mit Beschreibungen der Strecke und der Mühlen (inklusive GPX-Datei zum Downloaden) erhältlich bei: Landratsamt Roth, www.landratsamt-roth.de/aktivunterwegs; Tourist-Information Hilpoltstein, www.hilpoltstein.de/wandern

RATHAUSCAFE

Nördlinger Ries

*

IM KRATERKREIS

*

Eine Landschaft aus dem All: Vor knapp 15 Millionen Jahren schlug im Grenzgebiet zwischen Fränkischer und Schwäbischer Alb ein riesiger Meteorit ein und schuf einen gewaltigen Krater. Wo sich einst die kosmische Katastrophe ereignete, liegt heute das bildhübsche und quicklebendige Nördlingen inmitten des fruchtbaren Nördlinger Rieses.

Vom „Daniel" aus, dem Turm von Nördlingens St. Georgskirche, ist die historische Altstadt bestens zu überblicken.

Die Katastrophe kam schnell, und sie war gigantisch. Rund tausend Meter Durchmesser hatte der Asteroid, der vor knapp 15 Millionen Jahren mit 70000 Stundenkilometern auf die Erde zuraste. Als das kosmische Geschoss auf der Albhochfläche auftrifft, schlägt es mit der Sprengkraft von 250000 Hiroshimabomben unter unvorstellbarem Druck und unermesslicher Hitze einen 4,5 Kilometer tiefen Krater. Das Gestein wird zerfetzt und bis zu 450 Kilometer weit geschleudert, eine Glutwolke schießt 100 Kilometer hoch in den Himmel. Als der steile Krater kollabiert, bildet sich ein großes, flaches Becken, über dem die Glutwolke zusammenbricht und eine mehrere Hundert Meter mächtige Gesteinsmasse ablagert.

Nach Minuten ist alles vorbei. Im Umkreis von mindestens 100 Kilometern ist sämtliches Leben ausgelöscht, und die Trümmermassen haben auf rund 7000 Quadratkilometern eine neue Landschaft geschaffen. Der 25 Kilometer breite Krater füllt sich direkt nach dem Einschlag durch sintflutartige Regenfälle mit einem trüben Salzsee, der rund zwei Millionen Jahre später als Süßwassersee Lebensraum für Fische, Wasservögel und, in seinem Schilfgürtel, für Schildkröten, Schlangen und kleine Säugetiere bieten wird. Nach und nach verlandete der See, die heutige Landschaft entstand.

Der Kraterrand, der das Nördlinger Ries umschließt, ist für seine artenreichen Blumenwiesen und Magerrasen berühmt, etwa bei Oettingen.

DES RÄTSELS LÖSUNG

Druck und Hitze schufen auch ein neues Gestein, das auf den ersten Blick wie die berühmte graue Maus wirkt, es aber in sich hat: Im Suevit (Suevia ist der lateinische Name für Schwaben) sind Granit, Gneis und aufgeschmolzenes Grundgebirge, die „Glasbomben“ oder „Flädle“, verbacken, aber auch winzigste Diamanten und die Minerale Coesit und Stishovit. Sie entstehen nur unter einem Druck von mehreren Millionen Bar – und der kommt eigentlich nur bei Impaktereignissen wie einem Meteoriteneinschlag vor. Als die US-Wissenschaftler Eugene Shoemaker und Edward C. T. Chao 1960

Links: Modellflieger auf dem Ipf bei Bopfingen. Aus dem Meteoritenkrater ist im Laufe von Jahrtausenden eine flache Landschaft geworden.

Ganz links: Der Doosweiher nördlich von Wemding bietet Liebhabern von feuchten Lebensräumen Platz, etwa dem Biber.

Rechts und unten: Auch in der kalten Jahreszeit lohnt Nördlingen einen Besuch. In der historischen Altstadt findet der „Romantische Weihnachtsmarkt“ statt.

Das Rieskratermuseum in Nördlingen zeigt auf spannende Weise, was beim Einschlag der „Bombe aus dem All“ geschah. Einzigartig und bis heute auffindbar sind durch den Impakt zertrümmerte, ja, sogar aufgeschmolzene Gesteine.

Beim Nördlinger Hotel „Klösterle" handelt es sich um das einstige Langhaus einer Kirche, letzter Rest des Franziskanerklosters.

Die Abenddämmerung taucht Nördlingens Altstadtgassen in ein stimmungsvolles Licht.

diese beiden Hochdruckquarze im Suevit fanden, war auch das Rätsel um die Entstehung des Rieses gelöst. Kein Vulkanausbruch, wie bis dahin viele geglaubt hatten, sondern ein Asteroid hatte den Krater geformt.

Die Idee, dass das Ries ein Impaktkrater ist, kam Shoemaker angeblich beim Anblick der Nördlinger St. Georgskirche, die aus Suevit und damit aus einem Stein erbaut ist, den der Himmel schuf. Vom 90 Meter hohen Glockenturm der Kirche, dem „Daniel", hat man einen herrlichen Blick bis zum südlichen Kraterrand. Jeden Abend ruft der Türmer, wie vor Jahrhunderten, zwischen 22 und 24 Uhr alle halbe Stunde „So, G'sell, so!" Was heute eine Touristenattraktion ist, diente einst der Sicherheit: Früher riefen in der Dunkelheit auch die Türmer der Stadttore von ihren hohen Aussichtsposten jede Stunde ihren Spruch, um zu zeigen, dass sie auf dem Posten waren.

SCHWEIN GEHABT

Um den merkwürdigen Ruf rankt sich natürlich eine Sage. Der zufolge wollte der Graf von Oettingen-Wallerstein 1440 angeblich Nördlingen erobern, um seine Finanzprobleme zu lösen. Um mit seinen Soldaten unbemerkt in die Stadt gelangen zu können, bestach er die Wächter des Löpsinger Tores, den Stadtzugang nicht zu verschließen. Zufällig sah jedoch am Abend eine Frau, wie sich ein Schwein an den Torflügeln rieb und diese sich dadurch öffneten. Mit einem lauten „So, G'sell, so!" vertrieb sie erst das Schwein und schlug dann Alarm. Die Geschichte ist nicht unbedingt wahr, aber viel zu schön, um nicht erzählt zu werden. Die Nördlinger jedenfalls waren dem Schwein so dankbar, dass bis ins 18. Jahrhundert alljährlich am Gedenktag eine „Saupredigt" gehalten wurde. Heute verleihen sie lieber in geraden Jahren die „Sau von Nördlingen" an Nachwuchskleinkünstler.

Am Löpsinger Tor steigt man hinauf auf die Stadtmauer, die als einzige in Deutschland samt Wehrgang, fünf Toren und einer Bastei vollständig erhalten ist. Fast drei Kilometer ist die Runde um die mittelalterliche Altstadt lang, die mit ihren Ziegeldächern als roter Kreis im Kraterkreis liegt und in der sich die historischen Stadtviertel der Handwerker und Kaufleute noch ausmachen lassen. Direkt an der Eger liegt das reizvolle Gerberviertel, in dem es heute nicht mehr stinkt, weil die letzte Gerberei 1961 geschlossen wurde.

ZURÜCK IN DIE URZEIT

Wenn Rothenburg ob der Tauber die Schönheitskönigin an der Romantischen Straße ist, dann darf sich Nördlingen als die bildhübsche Miss Romantic Road bezeichnen. Auf ihre vielen Besucher, die durch das malerische Zentrum bummeln, hat sich die Stadt mit gemütlichen Cafés und Lokalen eingestellt. Sie ist jedoch weit davon entfernt, als Freiluftmuseum in Schönheit zu erstarren. Auch Unternehmen und das Technologie Centrum Westbayern halten hier den Wirtschaftsmotor am Laufen.

Ringsum erstreckt sich im schützenden Ring des bis zu 150 Meter hohen Kraterrands eine fruchtbare Landschaft, in der seit rund 8000 Jahren Getreide angebaut wird.

Eine archäologische Attraktion sind die Ofnethöhlen im Süden. Welches Schicksal die 33 Kinder, Männer und Frauen ereilt hat, deren Schädel vor rund 10 000 Jahren samt Grabbeigaben am Eingang der Großen Ofnethöhle bestattet wurden, mag man sich allerdings nicht ausmalen. Die Vermutungen reichen von einem Massaker über Kannibalismus bis zum Menschenopfer.

KELTENFÜRST UND BRAUERFÜRST

Bemerkenswert sind auch die Besiedlungsspuren auf dem Ipf, einem markanten Zeugenberg der Schwäbischen Alb. Er liegt bei Bopfingen, das schon zu Baden-Württemberg gehört und mit sei-

Der „Daniel", Nördlingens höchster Kirchturm und Wahrzeichen der Stadt, ragt weithin sichtbar aus der topfebenen Rieslandschaft hervor.

Oben: Im Vorhof des Oettinger Residenzschlosses sprudelt der wunderschön gestaltete Marienbrunnen. Er selbst wie das ganze Schloss wurden mit großem Aufwand saniert. Das war dem Land Bayern eine Denkmalschutzmedaille wert.

Rechts Mitte: Im Inneren des Schlosses bezaubern die prächtigen Stukkaturen der Prunksäle.

Wer nach Nördlingen kommt, sollte in der spätgotischen St.-Georg-Kirche, zu der der „Daniel" gehört, einen Blick auf das kunstvoll geschnitzte Chorgestühl werfen.

Auch von Schloss Baldern aus hat man einen exzellenten Blick auf das Nördlinger Ries. Die prunkvollen Gemächer des Barockschlosses können besichtigt werden.

nen schönen Bürgerhäusern rund um den historischen Marktplatz schwäbische Gemütlichkeit ausstrahlt. Vor gut 2500 Jahren entwickelte sich hier dank der wertvollen Eisenerzvorkommen ein frühkeltisches Machtzentrum, dessen Bedeutung weit über die Region hinausreichte. So wurden Hinweise für Handel bis in den Mittelmeerraum gefunden.

In Bopfingen, wie Nördlingen einst eine Reichsstadt, treffen das liebliche Ries und die herbe Heide- und Waldlandschaft der Schwäbischen Alb zusammen. Einige Kilometer vor der Alb thront – ähnlich wie der keltische Fürstensitz auf dem Ipf – auf einer Bergkuppe das barocke Schloss Baldern an der Stelle einer Burg aus dem 11. Jahrhundert.

Die Anlage gehört der Familie Oettingen-Wallerstein aus Wallerstein, wo der Aufstieg auf den Wallersteiner Felsen mit einem Panoramablick auf das Ries belohnt wird. Direkt unterhalb wird seit 1558 im fürstlichen Brauhaus Bier gebraut und im Felsenkeller gelagert.

DOPPELTES OETTINGEN

In Oettingen wird die Oettinger Familiengeschichte kompliziert. Die Stadt war einst der Hauptort der Grafschaft Oettingen, deren Territorium im Ries rund um Nördlingen lag. 1414 spaltete sich die Familie Oettingen in die Linien Oettingen-Oettingen und Oettingen-Wallerstein. 1539 schloss sich der Zweig von Oettingen-Oettingen der Reformation an, während man in Oettingen-Wallerstein katholisch blieb.

Bis 1731 war Oettingen eine geteilte Stadt mit zwei Herrschaften und zwei Religionen, zwei Bürgermeistern, Konfessionsschulen, Hebammen, Wirten und Nachtwächtern, zeitweise zwei Zeitrechnungen und sogar je nach Wohnsitz „katholischen" und „evangelischen" Juden mit zwei Synagogen. Die kuriose Spaltung der Stadt zeigt sich auch an den Häusern am Marktplatz: auf der einen Seite barocke Fassaden, auf der anderen Fachwerkgiebel. Und wer nun glaubt, die

In vielen Schleifen windet sich die Wörnitz von Norden kommend durch das Ries, bis sie in Harburg dessen Südrand erreicht. Über der Stadt erhebt sich mit Schloss Harburg eine der größten Burganlagen Süddeutschlands.

In Wemding wurde einst der berühmte Arzt und Botaniker Leonhart Fuchs geboren, nach dem die Fuchsie benannt ist. Eine reiche Auswahl bietet Fuchsien-Spezialist Peter Unflath in seiner Gärtnerei nördlich der Altstadt.

Wahrzeichen Wemdings ist die Kirche St. Emmeran. Fromme Gläubige zieht es indes hinaus aus der Stadt: Dort liegt mit Maria Brünnlein eine der meistbesuchten Wallfahrtskirchen Bayerns.

Barock steht nicht nur für Kirchen und Schlösser. Die Jakobi-Kirchweih begeht Oettingen mit einem bunten Barockfeuerwerk.

Auch der klassische Bauhausstil ist in der Region vertreten, wie das Gebäude des Kunstmuseums Donau-Ries in Wemding zeigt.

Historie

Special

Harburgs jüdische Geschichte

Vor ihrer Verfolgung im Nationalsozialismus waren von Rothenburg bis Kelheim viele Juden in der Region ansässig. Auch in Harburg lebte eine große Gemeinde.
Ob in Rothenburg ob der Tauber, Nördlingen, Heideck, Weißenburg, Berching oder Neumarkt – nachdem allein im 13. Jahrhundert bei Pogromen in der Region Hunderte Juden getötet worden waren, wurden sie ab dem 15. Jahrhundert vielerorts systematisch vertrieben. Manche siedelten sich auf dem Land an; in Harburg waren es 1671 fünf Familien, die von Graf Albrecht Ernst I. in Schutz aufgenommen wurden.

Um 1800 stellte diese bedeutende jüdische Landgemeinde rund 25 Prozent der Einwohnerschaft. Im Deutschen Reich ab 1871 rechtlich endlich gleichgestellt, wanderten viele Juden im Zuge der Industrialisierung in die Städte ab. Vor der NS-Verfolgung konnten die meisten jüdischen Harburger fliehen, doch nicht alle überlebten den Terror.

Jüdischer Friedhof von Harburg

Viele Kommunen besinnen sich heute wieder auf ihre jüdische Geschichte. Zu den Harburger Zuzüglern von 1671 gehörte Moses Weil, dessen Familie in dem schönen Haus Marktplatz 5 lebte. Viele Häuser mit jüdischer Tradition stehen in der Straße Egelsee, auch die Synagoge (1754). Westlich der Ortschaft liegt seit 1671 am Waldrand der jüdische Friedhof.

barocke Seite sei die katholische gewesen – was zu vermuten wäre –, der hat sich in den Seiten geirrt. In Oettingen ist der Barock am Markt evangelisch.

BLUMEN- UND KRÄUTERPAPST

Oettinger-Besitz ist auch die großartig erhaltene mittelalterliche Stauferburg Harburg, die hoch über dem romantischen Städtchen Harburg thront. Das benachbarte Wemding fiel dagegen 1467 an den bayerischen Herzog Ludwig den Reichen und entwickelte sich zu einer properen, prosperierenden Landstadt, deren Wohlstand sich an den stolzen Fachwerk- und Barockhäusern zeigt.

In Wemding kann man zur Wallfahrtskirche Maria Brünnlein, ins moderne Kunstmuseum Donau-Ries oder auf den Spuren von Leonhart Fuchs (1501–1566) pilgern, der im eineinhalb Meter breiten „Zwergenhäuschen" am Marktplatz zur Welt kam. Der Leibarzt des Ansbacher Markgrafen und „Vater der Botanik" verfasste die ersten deutschen Heilkräuterbücher; nach ihm wurde die Fuchsie benannt. Heutzutage kommen hier deshalb Blumenfreunde auf ihre Kosten: im Mai beim Fuchsien- und Kräutermarkt oder den ganzen Sommer lang auf dem Rundgang durch Wemdings Altstadt, wenn an den Häusern die unterschiedlichsten Fuchsien blühen.

Die schönsten Urzeitziele

ERLEBNIS ERDGESCHICHTE

Im Altmühltal wogte einst ein karibisch warmes Meer, im Nördlinger Ries schlug ein gewaltiger Asteroid ein, und die Donau suchte sich eines Tages einen neuen Weg … In der Landschaft hat all dies großartige Spuren hinterlassen. Für geologisch Interessierte und Fossilienfans ist die Region ein einziges Wunderland.

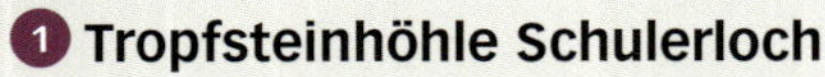

1 Tropfsteinhöhle Schulerloch

Für den faszinierenden Ausflug in die Unterwelt sollte man sich warm anziehen. In der 420 Meter langen Höhle herrschen konstant 9 Grad Celsius. Zu sehen sind bizarre Tropfsteinformationen. Eine mit Musik untermalte Inszenierung mit Projektionen an den Felswänden lässt virtuell und teils in 3-D die Urzeit der Erde, das Jurameer, die Urdonau sowie die eiszeitlichen Tiere und Neandertaler wiederauferstehen, die einst in der Höhle lebten. Ganz still ist es dagegen bei den Meditationen, bei denen man in staub- und pollenfreier Luft Kraft und Ruhe tankt. Im Eingangsturm der Höhle befindet sich ein kleines Museum.

Mai–Aug. 10.00–16.30, April, Sept., Okt. bis 16.00 Uhr, Führungen immer zur halben Stunde;
Am Schulerloch 1 a,
93343 Essing,
www.schulerloch.de

2 Steinerne Rinne

Normalerweise graben sich Bäche ihr Bett in die Landschaft – 500 Meter westlich von Wolfsbronn baut es sich ein Bächlein immer höher. Hier am Hahnenkamm ist das Wasser so kalkhaltig, dass seine Ablagerungen im Lauf der Zeit einen Kalksockel gebildet haben, der mittlerweile rund 1,60 Meter hoch und fast 130 Meter lang ist. Dem Lauf des Quellbachs folgt ein Wanderweg, der von Wolfsbronn an ausgeschildert ist.

Gemeinde Meinheim,
Hauptstraße 37,
91802 Meinheim,
Tel. 09146 94 29 40,
www.meinheim.de

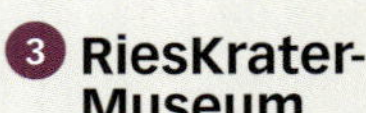

3 RiesKrater-Museum

Dem „Big Bang" im Nördlinger Ries vor 15 Millionen Jahren im Besonderen und unserem Planetensystem im Allgemeinen widmet sich das RiesKraterMuseum anschaulich und unterhaltsam in einem Gebäude von 1503. Selbst Mondgestein und Meteoriten sind hier zu sehen. Irdische Gesteine kann man nach Anfrage auf Führungen im Rieskrater erkunden.

Di.–So., Fei. 10.00–12.00, 13.30–16.30 Uhr;
Eugene-Shoemaker-Platz 1,
86720 Nördlingen,
Tel. 09081 8 47 10,
www.rieskrater-museum.de

4 Felsgruppe Zwölf Apostel

Die mächtigen Kalktürme zwischen Solnhofen und Eßlingen am nördlichen Talhang der Altmühl sind die Reste eines Riffgürtels des Jurameers, das sich hier vor rund 150 Millionen Jahren erstreckte. Ringsum liegt eine geschützte Landschaft mit Trockenrasen, seltenen Pflanzen und Tieren. Direkt oberhalb verläuft der Altmühltal-Panoramaweg; den besten Blick hat man vom gegenüberliegenden Ufer.

Touristikinformation Solnhofen, Bahnhofstr. 8,
91807 Solnhofen,
Tel. 09145 83 20 20,
www.solnhofen.de

5 Der Ipf bei Bopfingen

Ein fast perfekter Kegel, aber kein Vulkan: Der Ipf ist ein Zeugenberg der östlichen Schwäbischen Alb, der Bopfingen 200 Meter überragt. Auf dem Gipfelplateau reicht der Blick über das ganze Ries und sogar bis zu den Alpen; deshalb befand sich hier schon vor über 3000 Jahren eine bronzezeitliche Befestigung. Sie wurde viele Jahrhunderte lang genutzt und zu einem keltischen Machtzentrum aus- und umgebaut. Wenn Sie Mitte Juni kommen, blühen die Linden am Aufweg und hüllen den Berg in ihren Duft.

Touristikverein Ries-Ostalb, Bopfingen (s. S. 74)

6 Dohlenfels im Urdonautal

Rund 60 Kilometer verläuft der Urdonautalsteig in fünf Tagesetappen von Dollnstein durch das Wellheimer Trockental und zum Donaumoos. Auf der ersten Etappe nach Wellheim führt der Weg durch den Wald nach Konstein und zum Dohlenfelsen, der beeindruckende 70 Meter am Nordhang des Urdonautals aufragt. Der Stein auf der Spitze zeigt der Sage nach einen betenden Bischof – ein göttliches Zeichen. Auch die Burgruine Wellheim ist sehenswert.

Tourismusverein Urdonautal, Burgstr. 7, 91809 Wellheim, Tel. 08427 15 13, www.wellheim.de

7 Burgsteinfels

Schon von Weitem sieht man den Burgsteinfelsen an der nördlichen Talseite der Altmühlschleife zwischen Dollnstein und Breitenfurt wie einen Turm aufragen. Der Kalksteinfelsen gehört zu den schönsten Geotopen in Bayern und ist ein beliebtes Ziel für Kletterer, die hier 30 Routen der Schwierigkeitsgrade IV bis IX bezwingen können. Der Felsen ist Station des Rundwegs Urdonautal (20 km) ab Dollnstein.

Touristinformation, Unterer Burghof 5, 91795 Dollnstein, Tel. 08422 15 02, www.dollnstein-info.de

8 Kalktuffterrasse Hoher Brunnen

Zwei Kilometer westlich von Sollngriesbach hat das kalkreiche Wasser der Fränkischen Alb bemerkenswerte Sinterterrassen aufgeschichtet. Der Hohe Brunnen ist rund 40 Meter lang, 25 Meter breit, sieben Meter hoch und malerisch mit Moos bewachsen. An dem Naturdenkmal führt der Fernwanderweg Frankenweg vorbei – und nur ein Kilometer nördlich verläuft zudem bei Erasbach eine steinerne Rinne.

Tourismusbüro Berching, Pettenkoferplatz 12, 92334 Berching, Tel. 08462 2 05 13, www.berching.de

9 Paläozoo Solnhofen

Superstar ist der Archaeopteryx, Starqualitäten hat aber auch das Sciurumimus-Baby. Mit großen Augen und buschigem Schwanz sieht es niedlich aus, seine Eltern waren aber wohl mächtige Raubdinosaurier. Im Museum Solnhofen werden Fossilien wie in einem Zoo in ihrem Lebensraum samt Vegetation und Nahrungskette präsentiert.

Ende März–Anf. Nov. tgl. 9.00–17.00 Uhr; Museum-Solnhofen | Bürgermeister-Müller-Museum, Bahnhofstr. 8, 91807 Solnhofen, Tel. 09145 83 20 30, www.museum-solnhofen.de

Schopfloch
Dürrwangen
Langfurth
Ehingen
GUNZENHAUSEN
DINKELSBÜHL
Wittelshofen
Gerolfingen
WASSERTRÜDINGEN
Weiltingen
Deutsche Limesstraße
Wilburgstetten
Heidenheim
Auhausen
Westheim
Stödtlen
Fremdingen
Tannhausen
OETTINGEN in Bayern
Hainsfarth
Unterschneidheim
Marktoffingen
Maihingen
Megesheim
Polsingen
Romantische Straße
Wallerstein
Münningen
Wolferstadt
Wechingen
Kirchheim am Ries
Ipf
BOPFINGEN
NÖRDLINGEN
WEMDING
Ries
Deiningen
Alerheim
Möttingen
Altmühltal
HARBURG (Schwaben)
Schwäbische Albstraße
Mönchsdeggingen
NERESHEIM
Bissingen
DONAUWÖRTH
Straße der Staufer
Dischingen
Nattheim
Tapfheim
Schwenningen
Zöschingen
Syrgenstein
Ziertheim
Mödingen
Finningen
Lutzingen
Donau
Maßstab 1:200.000
4km
1
2
3
4
5

EPOCHALER KESSEL

Im rund 1900 Quadratkilometer großen Geopark Ries streift man auf Rad- und Wandertouren durch Wiesen und Felder, durch Jahrmillionen Erdgeschichte und durch 40 000 Jahre Menschheitsgeschichte. Beim Bummel durch historische Städte entdeckt man Burgen, Schlösser, mittelalterliche Architektur und opulenten Barock.

1 Harburg

Das malerische Städtchen (5500 Einw.) liegt unterhalb der Harburg an der Wörnitz und ist Station an der Romantischen Straße.

SEHENSWERT

Über die Wörnitz führt seit 1729 die **steinerne Brücke**; den **Marktplatz** säumen Fachwerkhäuser. Die **Harburg** (12. Jh.) gehört zu den bedeutendsten Burgen Süddeutschlands (www.burg-harburg.de; Mitte März–Anfang Nov. tgl. 10.00–17.00 Uhr, Führungen stdl.). Nahe dem Harburger Bock (s. u.) liegt der **jüdische Friedhof** (s. S. 69). Die Wörnitz eignet sich zum **Bootfahren**; Kanadierverleih beim Gasthof „Zum Goldenen Lamm".

HOTEL/RESTAURANT

Der 500 Jahre alte Gasthof **€/€€ Zum Goldenen Lamm** bietet direkt an der Wörnitz gutbürgerliche Küche und Zimmer in historischen Gemäuern (Marktplatz 1, Tel. 09080 14 22, www.lamm-harburg.de). In der **€€/€€€ Burgschenke** des Schlosshotels Harburg speist man gehobene Küche in mittelalterlichem Ambiente und kann in einem der neun Zimmer im Schloss übernachten (Tel. 09080 15 04, https://burgschenke-harburg.de).

INFORMATION

Amt für Tourismus, Schlossstraße 1,
86655 Harburg (Schwaben),
Tel. 09080 96 99 24,
www.stadt-harburg-schwaben.de

Tipp

Schöne Aussicht

Eine besonders schöne Aussicht hat man am südöstlichen Rieskraterrand vom Bockberg, knapp 2,5 km außerhalb von Harburg. Dort reicht der Blick weit über das Ries, das Wörnitztal und bis nach Donauwörth. Von der Harburger Altstadt folgt man der Beschilderung in Richtung Hühnerberg/Bock in südlicher Richtung. Der Weg führt an der Harburg vorbei durch ein Landschaftsschutzgebiet hinauf zum Gipfelkreuz.

www.stadt-harburg-schwaben.de

Nördlingen: Kirche und Brunnen am Rübenmarkt, Blick ins Innere von St. Georg, schmucke Häuser im Gerberviertel.

2 Nördlingen

Die Geschichte der 19 000-Einwohner-Stadt an der Romantischen Straße reicht bis ins 9. Jh. zurück; im 13. Jh. wurde sie Reichsstadt und bedeutendes Handelszentrum. Nördlingen ist Mitglied bei Cittàslow.

SEHENSWERT

Nördlingen hat ein einzigartiges **historisches Zentrum** TOPZIEL. Die rundum begehbare **Stadtmauer** (14. Jh.) ist frei zugänglich und über die fünf Stadttore zu erreichen. Sehr hübsch sind die Kasarmen genannten Häuschen an der Stadtmauer, die Gerberhäuser an der Eger, das Tanzhaus (1442–1444) am Marktplatz sowie das **Rathaus** (13. Jh.) mit Renaissance-Freitreppe. Wahrzeichen der Stadt ist die gotische Hallenkirche **St. Georg** (15./16. Jh.) mit dem Turm **„Daniel"** (Turmaufstieg März bis Okt. tgl. 10.00–18.00 Uhr, sonst bis 17.00 Uhr, Ende April–Ende Sept. Sa. auch 21.30 Uhr).

MUSEEN

Von internationalem Rang ist das **RiesKrater-Museum** (s. S. 70). Das **Stadtmuseum** widmet sich im ehem. Heilig-Geist-Spital (15./16. Jh.) der Stadtgeschichte, u. a. den Schädeln aus der Ofnethöhle (Vordere Gerbergasse 1, www.stadtmuseum-noerdlingen.de; Mitte März–Anfang Nov. Di.–So. 13.30–16.30 Uhr). Im Löpsinger Turm residiert das **Stadtmauermuseum** (Ende März bis Anf. Nov. Di.–So. 10.00–13.00, 13.30–16.30 Uhr). Das **Bayerische Eisenbahnmuseum** beim Bahnhof zeigt über 100 Originalfahrzeuge und betreibt Museumszüge nach Dinkelsbühl und Gunzenhausen (Am Hohen Weg 1 a, www.bayerisches-eisenbahnmuseum.de; Mai–Sept. Di.–Fr. 12.00–16.00, Sa., So., Fei. 10.00–17.00 Uhr, März, April, Okt. nur Sa., So., Fei.).

ERLEBEN
Der **Geopark Ries** zeigt die geologischen und kulturellen Besonderheiten der Region (www.geopark-ries.de). **Radwandern** s. S. 75 „Ja, natürlich". Im Umland kann man u. a. auf dem **Schäferweg** (18 km) wandern.

VERANSTALTUNGEN
Die **Nördlinger Mess'** in der zweiten Woche nach Pfingsten gehört zu den größten Volksfesten der Region. Alle drei Jahre (wieder 2025) versetzt das **Historische Stadtmauerfest** Nördlingen ins Mittelalter.

UMGEBUNG
Rund 7 km südwestl. liegen die archäologisch interessanten **Ofnethöhlen** (s. S. 65) bei Holheim (B 466, Beschilderung folgen, Parkplatz am römischen Gutshof). In **Wallerstein** (6 km nördl.) prägen teils schöne Beamtenhäuser aus dem 18. Jh. das Bild. Das Alte Schloss (12./16. Jh.) wird für die Brauerei Wallerstein genutzt (www.fuerstwallerstein-brauhaus.de; Besichtigung Mo.–Do. 7.30–12.00, 13.00–17.00 Uhr, Fr. nur vorm.). Das klassizistische Neue Schloss ist nicht zu besichtigen.
In **Maihingen** (12 km nördl.) informiert im ehemaligen barocken Brigittenkloster das Museum KulturLandRies über Landwirtschaft und Alltagskultur im Ries (Klosterhof 3 und 8, www.museumkulturlandries.de; Di.–So., Fei. 10.00 bis 17.00 Uhr).

INFORMATON
Tourist Information,
Marktplatz 2, 86720 Nördlingen,
Tel. 09081 8 41 16,
www.noerdlingen.de

3 Bopfingen

Das baden-württembergische Bopfingen (11 700 Einw.) war ab 1241 Reichsstadt und besitzt eine hübsche Altstadt.

SEHENSWERT
Schmuckstück der **Stadtkirche St. Blasius** ist der gotische Flügelaltar (1472) von Friedrich Herlin. Das **Alte Rathaus** (1585/86) am Marktplatz mit dem Neptunbrunnen ist ein prächtiges Renaissance-Fachwerkhaus. Die **Stadtmauer** ist teils restauriert. Das barockisierte (1737) **Schloss Baldern** (11. Jh.) präsentiert Waffen, adelige Wohnkultur und „Walled Gardens" im englischen Stil des 19. Jh. (www.fuerstwallerstein.de; April–Okt. Do., Fr. 13.00–17.00, Sa., So., Fei. 10.00–18.00, Walled Gardens Di. bis Fr. 11.00–17.00, Sa., So., Fei. 10.00–17.00 Uhr).
Auf dem **Ipf** (s. S. 71) befand sich vor rund 2500 Jahren ein keltisches Machtzentrum. Am Fuß des markanten Zeugenbergs gibt ein Infopavillon einen Überblick zu Geologie und Archäologie.

Das Flüsschen Wörnitz bei Oettingen im Spätherbst. Maria Brünnlein in Wemding. Festsaal im Oettinger Residenzschloss.

MUSEEN
In einem Fachwerkhaus (1505) widmet sich das **Museum im Seelhaus** der regionalen Natur- und Kulturgeschichte (Spitalplatz 1, www.bopfingen.de; wegen Neukonzeptionierung bis Ende 2024 geschl.). Die Historische Kräuterkammer der **Reichstagsapotheke** (1720) ist über die Tourist-Info zu besichtigen, ebenso die ehemalige **Synagoge** (1812).

VERANSTALTUNGEN
Im Juli wird das Volksfest **Ipfmesse** gefeiert. Die **Historischen Heimattage** im Okt. werden von Kunst, Musik, Kultur und Landsknechtlagern begleitet.

INFORMATION
Touristikverein Ries-Ostalb, Marktplatz 1,
73441 Bopfingen, Tel. 07362 8 01 60,
www.bopfingen.de

4 Oettingen

Die Gemeinde (5100 Einw.) an der Wörnitz war ab 1411 Residenzstadt der Grafen und späteren Fürsten zu Oettingen. Jahrhundertelang regierten hier zwei Höfe unterschiedlicher Konfessionen; im Stadtbild ist dies noch zu sehen. Die Altstadt lädt mit malerischen Gassen, Plätzen und Brunnen zum Spaziergang ein.

SEHENSWERT
Der Stadtkern ist noch weitgehend von der **Stadtmauer** (13. Jh.) umgeben. Am **Marktplatz** stehen sich die evangelischen Barockbauten (Ostseite) und katholischen Fachwerkhäuser (Westseite) gegenüber. Herausragend ist das ab 1431 erbaute **Rathaus**. Vom Turm der barockisierten **St.-Jakob-Kirche** (14./15. Jh.) hat man einen weiten Blick.
Das barocke Fürstliche **Residenzschloss** (1679–1687) beeindruckt mit opulenter Ausstattung, prächtigem Festsaal und Stukkaturen von Mathias Schmuzer (Schlossstr. 1, www.oettingen-spielberg.de; nur mit Führung zu besichtigen: März–Okt. Sa., So. Fei., in den bayer. Schulferien Di.–So., Fei. 14.00 Uhr).

MUSEEN
Das Heimatmuseum beschäftigt sich mit (Alltags-)Geschichte (Hofgasse 14, www.heimatmuseum-oettingen.de; Mi.–So. 14.00–17.00 Uhr). Über die Entstehung und Besiedlung des Rieses informiert das **Geopark-Infozentrum** im Rathaus (Schlossstr. 36, www.geopark-ries.de; Mai.–Aug. Mo.–Fr. 8.00–17.00, Do. bis 17.30, Sa. 10.00–13.00, Okt.–April Mo.–Mi. 8.00–16.00, Do. bis 17.30, Fr. bis 12.30 Uhr).

ERLEBEN
Oettingen ist eine **Storchenhochburg**. Den Wegweiser zu den Storchennestern erhält man in der Tourist-Information (Download unter www.oettingen.de/stoerche-in-oettingen).

VERANSTALTUNGEN
Jakobi-Kirchweih (s. S. 114) im Juli. Überregional bekannt sind die **Oettinger Residenzkonzerte** (www.oettinger-residenzkonzerte.de; Mai–Okt.).

HOTEL/RESTAURANT
Die **€/€€ Goldene Gans** im Zentrum serviert regionale Küche in einem barocken Haus und auch im Biergarten. Die Zimmer sind gemütlich (Königstr. 5, Tel. 09082 24 10, www.hotel-goldene-gans.de).

INFORMATION
Tourist-Information, Schlossstr. 36,
86732 Oettingen i. Bay., Tel. 09082 7 09 52,
www.oettingen.de

5 Wemding

Das über 1200 Jahre alte Wemding (5800 Einw.) hat einen kreisrunden historischen Kern mit Stadtbefestigung und einem der schönsten Marktplätze Schwabens.

SEHENSWERT
Der Geburtsort des Botanikers Leonhart Fuchs (1501–1566) schmückt seine Bürgerhäuser im Sommer mit Fuchsien. Das **Geburtshaus** von

Fuchs (Zwergenhaus) befindet sich am Marktplatz beim **Rathaus** (1552). Wemdings Wahrzeichen ist die doppeltürmige **Stadtkirche St. Emmeran** (urspr. 11. Jh.) mit barockem Hochaltar.
Die **Wallfahrtsbasilika Maria Brünnlein** TOPZIEL (um 1750; 1 km westl.) ist nach Altötting die bedeutendste Marienwallfahrtsstätte Bayerns (Oettinger Str. 103, www.maria-bruennlein.de; Sommer tgl. 8.00–19.30, So./Fei. ab 7.00, Winter bis 18.00 Uhr; keine Besichtigung während der Gottesdienste).

MUSEEN
Das Kreativzentrum **KunstMuseum Donau-Ries** zeigt moderne und afrikanische Kunst (So. 14.30–16.30 Uhr), das **Heimatmuseum** Kulturgeschichte (Schlosshof 1, über die Tourist-Info), die Geopark-Infostelle die Erdgeschichte des Rieses (Mangoldstr. 5, Mo.–Fr. 9.30 bis 17.00 Uhr). Der **Folterturm** informiert über die Hexenverfolgung (nur über Tourist-Info).

VERANSTALTUNGEN
Der **Fuchsien- und Kräutermarkt** bringt im Mai Farbe und Düfte in die Stadt.

INFORMATION
Tourist-Information Wemding,
Mangoldstr. 5, 86650 Wemding,
Tel. 09092 96 90 35,
www.wemding.de

Tipp

Sagenhafter Weg

Der Doosweiher, wo der Sage nach das „Huaterle" mit dem breitkrempigen Hut und nachts die „Drei weißen Nonnen" geistern, ist eine Station auf dem unterhaltsamen Sagenweg. Start und Ziel der Rundtour (13,6 km, 3,5 Std.) ist der Johannisweiher in Wemding. Entlang des Riesrands bieten sich unterwegs geologische Einblicke in einem Kalk- und einem Suevitsteinbruch sowie weite Ausblicke an der „Schönen Aussicht" und am „Hessenbühl". Die Strecke mit Infotafeln führt durch Wald und hügeliges Gelände nach Maria Brünnlein und auf dem Skulpturenweg sowie durch die Wemdinger Altstadt zurück zum Ausgangspunkt.

www.geopark-ries.de

VON KRATER ZU KRATER

Der Asteroid des Nördlinger Rieses hatte einen Begleiter, der 40 Kilometer weiter südwestlich das 3,5 Kilometer durchmessende Steinheimer Becken in die Erdoberfläche bombte. Die beiden Krater verbindet der mit kulturhistorischen und geologischen Highlights gespickte Geopark-Ries-Radweg „Von Krater zu Krater" auf zwei Rundrouten, die sich in Nördlingen schneiden.

Die westliche Route führt in einer anspruchsvolleren, landschaftlich sehr schönen Etappe über den westlichen Riesrand und am Ipf vorbei nach Steinheim im Steinheimer Becken. Zurück geht es nach Osten den Kraterrand hinauf, durch schattige Wälder zum Itzelberger See, durch das schöne Egautal zum Härtsfeldsee und hinter Neresheim nach erneutem Anstieg nach Härtsfeldhausen. Nach steiler Abfahrt in den Rieskessel erreicht man wieder Nördlingen.

Erlebnisse rund um Geologie, Landschaft und Geschichte: Am Fuße des Ipf befindet sich eine rekonstruierte Keltensiedlung (rechts).

Die östliche Runde führt durch die weite flache Riesebene. Richtung Osten erreicht man Deiningen, nahe dem von Wissenschaftlern errechneten Einschlagszentrum des Ries-Asteroiden, und auf einem flachen Abschnitt bis zum östlichen Riesrand Wemding. Von dort geht es nach Norden an der Wallfahrtsbasilika Maria Brünnlein und weiten Wiesen vorbei nach Oettingen ins Nordries, durch fruchtbare Felder nach Maihingen und über Wallerstein zurück nach Nördlingen.

Länge: insgesamt 190,5 km, 11,5–17,5 Std.;
Westrunde (130 km, 6,5–11,5 Std.):
Nördlingen–Steinheim–Nördlingen;
Ostrunde (60,5 km): Nördlingen–Wemding–Oettingen–Nördlingen.

Eine **Streckenbeschreibung** erhält man in den Tourist-Informationen; zusammen mit einer GPX-Datei zum Downloaden unter www.geopark-ries.de/wege.

Hofmühl
Hofmühl
Hofmühl
Hofmühl

Mittleres Altmühltal

AUF SCHATZSUCHE

Zwischen Weißenburg und Beilngries ist die Altmühl das liebliche Revier der Kanufahrer. Und der Schatzsucher. Am Limes entdeckt man Wertvolles aus der Römerzeit, in Eichstätt Prachtvolles aus dem Barock, in Neuburg kostbare Kunst und in Solnhofen Unglaubliches aus der Urzeit. Man kann sogar selbst auf Dinosuche gehen.

Die Baumeister der Fürstbischöfe schufen mit dem Residenzplatz in Eichstätt einen der schönsten Barockplätze in Süddeutschland.

Rechts: Weißenburg war fünf Jahrhunderte lang eine stolze Freie Reichsstadt. Zu ihrer Blütezeit zählte die Stadtbefestigung 38 Türme; nur das Ellinger Tor ist noch erhalten. Um 1200 erbaut, bis ins 17. Jh. ergänzt und heute Sitz der historischen Ratsbibliothek, dokumentiert es die Stadtgeschichte in markanter Weise. Mittig über dem Durchgang prangt der Reichsadler.

Unten: Tor zur Hohenzollernfestung Wülzburg am Ostrand von Weißenburg. Die mächtige Anlage besitzt fünf Bastionen und wurde 1588 bis 1610 erbaut.

Entspannende Stunden auf der Altmühl, hier in der Gegend von Solnhofen

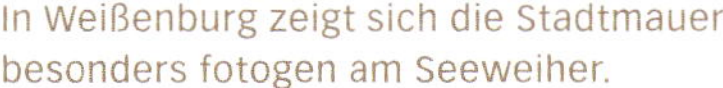
In Weißenburg zeigt sich die Stadtmauer besonders fotogen am Seeweiher.

Luitpoldbrunnen und Altes Rathaus: 1805 wollte man den türmchenbesetzten Bau abreißen, heute ist er ein Schmuckstück von Weißenburg.

DER EHEMALIGE LEGIONÄR MOGETISSA UND SEINE FRAU VERECUNDA SIND DIE ERSTEN NAMENTLICH BEKANNTEN WEISSENBURGER.

Auf ihrem Weg vom Fränkischen Seenland nach Treuchtlingen kommt die Altmühl nahe an Weißenburg vorbei, das an der Schwäbischen Rezat liegt. Hier treffen die Flusssysteme von Donau und Rhein fast aufeinander. Die wenigen Kilometer, die sie trennen, wollte Karl der Große mit einem Kanal überwinden. 793 begann man mit dem Bau des „Karlsgrabens“, Fossa Carolina, der jedoch nie vollendet wurde. Zu sehen ist noch ein idyllischer Abschnitt bei Graben.

DER SCHATZ IM SPARGELBEET

Nach Weißenburg wurde gut tausend Jahre später schließlich eine Eisenbahnlinie gebaut und dabei 1867 ein kleiner Schatz gehoben: ein römisches Bronzetäfelchen. Es bekundet für den Soldaten Mogetissa am 30. Juni 107 n. Chr. die ehrenvolle Entlassung aus der Ala I Hispanorum Auriana (1. Hispanische Reitereinheit des Aurius), die damals im Kastell Biriciana am Limes stationiert war. Mit diesem Militärdiplom ausgestattet, erhielt der Kelte Mogetissa die römischen Bürgerrechte und durfte heiraten. Zusammen mit seiner Frau Verecunda siedelte er sich beim Kastell an, das auf einer Anhöhe oberhalb der Rezat stand. Damit sind die beiden die ersten namentlich bekannten Weißenburger, und man weiß sogar auch, wie ihre Tochter hieß: Matrulla.

Für Schatzsucher ist Weißenburg sehr ergiebig, grub man hier doch nicht nur das Kastell, sondern auch römische Thermen aus – und einen echten Schatz. Den fand 1979 ein Lehrer, als er in seinem Garten ein Spargelbeet anlegen wollte. Plötzlich stieß die Schaufel auf verrostete Eisenteile. Der vermutete Abfall war eine Sensation: 114 kostbare Objekte waren hier im 3. Jahrhundert n. Chr. vor den plündernden Alemannen vergraben worden, darunter ein Klappstuhl aus Eisen und erlesene Götterfiguren aus Bronze. Seit 1983 sind die Funde im Römermuseum zu bewundern.

AM LIMES

Weißenburg ist die „Römerstadt“ der Region, aber auch eine ehemalige Reichsstadt mit mittelalterlichen Fachwerkbauten und barocken Bürgerhäusern. An ihrer einstigen Grenze ließ der Markgraf von Brandenburg-Ansbach 1588 die Renaissance-Festung Wülzburg in einem regelmäßigen Fünfeck anlegen. Die Aussicht vom Burgberg ist immer noch phänomenal. Auch im barocken Ellingen fanden Archäologen römische Hinterlassenschaften am ehemaligen römischen Kastell. 1945 dann hob die US-Armee in der Schlosskirche einen Schatz der be-

Zwischen Eichstätt und Solnhofen liegt das Städtchen Dollnstein. Sportliche können sich hier austoben, sei es auf der Altmühl (rechts), beim Klettern am Burgsteinfelsen (unten) oder beim Radeln.

Wer findet die schönsten Fossilien? Ausdauer, ein geübter Blick und auch etwas Glück sind im Hobbysteinbruch von Solnhofen gefragt.

„Zwölf Apostel" werden die berühmten Felsentürme an der Altmühl genannt. Sie stehen bei Solnhofen; der Altmühltalradweg und der Panorama-Wanderweg führen daran vorbei.

Paläontologie

Fliegende Saurier

Wind und Regen wurden vor 150 Millionen Jahren einem Tier zum Verhängnis, das als Archaeopteryx Weltruhm erlangen sollte. Doch es ist nicht der einzige Urvogel.

Ein Sturm hatte das Tier aufs Meer hinausgetrieben, wo es mit durchnässtem Gefieder auf die Wasseroberfläche stürzte und ertrank. Auf dem Meeresboden wurde sein Körper luftdicht mit Schlamm bedeckt. Im Lauf der Zeit versteinerten Knochen und Federn und blieben in den zusammengepressten Kalkplatten erhalten. Als die Überreste 1861 auf der Langenaltheimer Haardt bei Solnhofen aus einem Steinbruch geklopft wurden, war die Sensation perfekt.

Kurz zuvor hatte Charles Darwin seine Evolutionstheorie veröffentlicht, und dieses merkwürdige Tier mit Federn, Flügeln, langem Schwanz, Reptilienkopf und -zähnen untermauerte seine Thesen: Es war das Bindeglied zwischen Sauriern und heutigen

Original-Archaeopteryx im Dinopark Denkendorf

Vögeln. Bis heute wurde ein Dutzend Fossilien dieser „uralten Federn" – das bedeutet die Bezeichnung Archaeopteryx – in den Solnhofener Plattenkalken gefunden. 2017 fand man bei Mörnsheim das Fossil eines Flügels. Wie seit 2019 feststeht, handelt es sich um das Relikt eines größeren Cousins des Archaeopteryx, der zudem besser fliegen konnte: Alcmonavis poeschli heißt der neue Star auf der Evolutionsbühne.

sonderen Art: Nazi-Raubkunst, geplündert und gelagert in Kisten und meterhohen Bilderstapeln.

ICH KENN' DOCH MEINE PAPPENHEIMER

Südlich von Weißenburg und Treuchtlingen windet sich die Altmühl in die malerische Südliche Frankenalb hinein und erreicht Pappenheim, dessen Pappenheimer durch Schillers „Wallensteins Tod" vermutlich jeder kennt. Und bloß zur Klarstellung: Schillers Wallenstein brachte mit dem Ausspruch „daran erkenn ich meine Pappenheimer" seine Anerkennung für die Treue der örtlichen Kürassiere zum Ausdruck. Heute wird das Zitat in einem eher abschätzigen Sinne verwendet. Der historische Graf Pappenheim war im Dreißigjährigen Krieg übrigens ein berüchtigter General, den man in Österreich den „leidigen Teufel" nannte, weil er so gründlich und gnadenlos plündern, brandschatzen und morden ließ.

ERDGESCHICHTE MADE IN SOLNHOFEN

Wer der Erdgeschichte auf den Grund gehen möchte, ist in Solnhofen genau richtig. Vor rund 150 Millionen Jahren plätscherte hier eine Lagune, in der Wasser- und Landtiere nach ihrem Tod abgelagert wurden: Fische, Saurier, Schildkröten, Insekten und der berühmte

Eine Trachtengruppe bringt mit Blasmusik volkstümliches Leben auf den Residenzplatz in Eichstätt.

Archaeopteryx. Auf der Fränkischen Alb findet man die Fossilien von über 900 Tier- und Pflanzenarten, am besten im Solnhofer Plattenkalk. Eine Auswahl präsentiert das Museum Solnhofen. Im Dinosaurier-Museum Denkendorf stehen gigantische Urtiere aus aller Welt in Lebensgröße im Wald. Wer selber auf Schatzsuche gehen möchte, kann sein Glück mit Hammer und Meißel im Solnhofener Hobbysteinbruch probieren. Am wahrscheinlichsten findet man versteinerte Ammoniten oder die ein oder andere Seelilie – unzählige Schätze sind noch nicht gehoben.

ALTES PFLASTER

In Solnhofen bewegt man sich auf uraltem Pflaster, wenngleich der Plattenkalk sich eigentlich nur für den Innenausbau eignet. Dafür ist er besonders fein, hart und dicht, was den Bühnenschriftsteller Alois Senefelder zu einer bahnbrechenden Erfindung inspirierte. 1798 entwickelte er die Lithografie, ein Steindruckverfahren und Vorläufer des modernen Offsetdrucks.

Wo heute die Ruine der Sola-Basilika steht, campierten schon in der Steinzeit vor 10000 Jahren Jäger und Sammler, später verhütteten keltische Siedler Metalle. Wie im Steinbruch blättert sich Schicht um Schicht Geschichte auf, denn

Special

Jurahäuser

Mit Stein gedeckt

Sie wirken in ihrer Schnörkellosigkeit fast schon modern. Dabei gab es die typischen Jurahäuser des Altmühltals schon im Mittelalter.

Ein Kubus aus Bruchsteinen, aus massiven Mauern oder Fachwerk, ohne Erker und Balkon, dafür mit vielen kleinen Fenstern, damit das Licht einfallen kann: Das Jurahaus ist die traditionelle Hausform des Altmühltals. Die auffälligste Besonderheit sind die Dächer: höchstens 30 Grad geneigt und mit schweren Jurakalkplatten gedeckt, die in fünf bis sieben Schichten übereinander liegen. Jurahäuser sind nur im Altmühltal und Umgebung zu finden. Die schweren Platten von den Steinbrüchen bei Solnhofen/Mörnsheim, Eichstätt, Kelheim und Eining wurden früher mit Ochsenkarren transportiert. Länger als einen Tag durften Beladen und Fahrt nicht dauern, und so schaffte man in der Regel nur Strecken, die nicht länger als 25 Kilometer waren.

Eingang ins Eichstätter Jurahausmuseum

Ab den 1950er-Jahren kamen die Häuser „aus der Mode", weil die Kalkplatten für die Dächer teurer und die Bauvorschriften gelockert wurden und man ihre Schönheit nicht mehr zu schätzen wusste. Heute setzt sich der Jurahausverein dafür ein, dass dieses Kulturerbe erhalten bleibt und eine Renaissance erlebt. In Eichstätt betreibt er ein Museum – in einem Jurahaus (www.jurahaus-verein.de).

Eichstätt: Blick ins Treppenhaus der Residenz (ganz links) und auf den neugotischen Hochaltar im Dom

An den Kreuzgang schließt sich das großartige zweischiffige „Mortuarium" an, die um 1500 erbaute Grablege des adligen Domkapitels.

Dem gotischen Dom, Kathedralkirche des Bistums Eichstätt, ging eine Steinkirche voraus, die im 8. Jahrhundert vom heiligen Willibald errichtet worden sein soll.

Am Residenzplatz in Eichstätt. Dem Wiederaufbau nach der Zerstörung der Stadt im Dreißigjährigen Krieg ist die einheitliche barocke Bebauung zu verdanken.

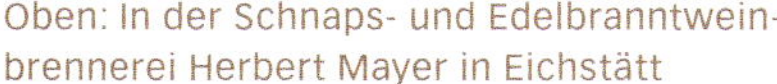

Oben: In der Schnaps- und Edelbranntweinbrennerei Herbert Mayer in Eichstätt

Rechts Mitte: Blick in den Hofgarten der Eichstätter Sommerresidenz

Brodhausgasse in Eichstätt: Der Abend hält Einzug in die Altstadt, die belebten Straßen leeren sich.

Die Fließgeschwindigkeit im Ludwig-Donau-Kanal lässt zu wünschen übrig. So wird das Treidelboot „Alma Viktoria" wie zu alten Zeiten noch mit Pferdekraft fortbewegt.

auch die ursprünglich reich mit Stuck ausgeschmückte Sola-Basilika selbst besteht aus den Grundmauern und den Resten von fünf Kirchenbauten aus dem 7. bis 9. Jahrhundert.

MISSIONARISCHER EIFER

Dicht an den Zwölf Aposteln geht es nun vorbei. Für Kletterer sorgt danach der Burgsteinfelsen für Spannung – oder der Dohlenfelsen im Wellheimer Trockental, wo auf dem Magerrasen zwischen den Felsen mehr Schmetterlinge flattern als fast an jedem anderen Ort in Deutschland. Das breite Tal grub vor Jahrmillionen die Urdonau, die weiter durch das heutige Altmühltal floss. Dort lag an einer engen Schleife schon vor über 2500 Jahren die Keltensiedlung Eistedd. Später kamen die Römer und im 8. Jahrhundert dann die Geschwister Willibald, Wunibald und Walburga sowie, als Einzelkämpfer, Sola aus Südengland, um die Region zu missionieren. Sola ging nach Solnhofen, Wunibald und Walburga nach Heidenheim, und Willibald wurde der erste Bischof von Eichstätt. Seitdem hat die Kirche in der Stadt stets eine wichtige Rolle gespielt.

WALBURGA HAT GEHOLFEN …

So steht es auf den unzähligen Votivtafeln in der Gruftkapelle der Klosterkirche St. Walburg, in der Walburga bestattet wurde. Nach ihr ist auch das gut tausend Jahre alte Benediktinerinnenkloster benannt – nach Willibald die Willibaldsburg, die bis 1725 als Residenz der Fürstbischöfe des Hochstifts Eichstätt diente. Dann zogen sie hinunter in die Stadt, gleich neben den Dom, bis das Hochstift Eichstätt, 1802 säkularisiert, sein Ende fand.

In der heutigen „Hauptstadt des Altmühltals" wird nicht mehr missioniert, dafür aber studiert: an der einzigen katholischen Hochschule im deutschsprachigen Raum. Aus Willibalds kleiner Kirche ist ein imposanter Dom geworden, und nach dem Dreißigjährigen Krieg wurde die Stadt im 17. und 18. Jahrhun-

Rechts: Die Pfalzgrafen sorgten in Neuburg an der Donau für Glanz. Der Südflügel ihres Schlosses wird heute für Konzerte genutzt.

Unten: In „Bärbels Garten" in Thalmässing. 1985 erfüllte sich Barbara Krasemann ihren Traum von einem Garten und schuf ein kleines Paradies.

Der 1458 erbaute Gasthof „Der Millipp" gehört zu den schönsten Fachwerkhäusern von Beilngries.

Das Schloss der Pfalzgrafen in Neuburg an der Donau bietet einen exquisiten Rahmen für klassische Konzerte und andere Kulturveranstaltungen.

dert mit barockem Glanz überzogen, der am Residenzplatz am hellsten strahlt. Ein wenig barock ist das Lebensgefühl hier noch immer, zum Beispiel auf dem Wochenmarkt in der Altstadt, wo sich Stand an Stand reiht und frisch aus dem Umland Obst, Gemüse, Fleisch, Fisch und mehr angeboten wird. Auch ein Augenschmaus.

OTTHEINRICH UND DIE RENAISSANCE

In Eichstätt an der Altmühl regierten die Fürstbischöfe, im genauso alten Neuburg an der Donau ab 1505 die Pfalzgrafen des Fürstentums Pfalz-Neuburg. Mit dem ersten Pfalzgrafen, dem kunstsinnigen und verschwenderischen Ottheinrich, der grandios schlecht mit Geld umgehen konnte, zog der Geist der Renaissance in die Stadt ein. Ottheinrich baute die Burg zu einem Residenzschloss um, führte den Buchdruck ein und 1542 die Reformation. Die 1543 geweihte Schlosskapelle gilt als der älteste protestantische Kirchenbau der Welt. Ottheinrichs Nachfolger bauten Neuburg weiter zu einer wunderschönen Renaissance-Stadt aus. Die Kunst hält man hier noch immer hoch, mit flämischen Meistern in der Staatsgalerie und einem weithin bekannten Kulturprogramm.

Vom Donaukai sieht man hinauf zur Residenz und der Oberen Stadt, wo man in aller Ruhe spaziert und aus dem Schauen nicht mehr herauskommt. An jeder Ecke entdeckt man traumhafte Architektur und wunderbare Details. Quirliges Leben herrscht in den engen Straßen rund um den Schrannenplatz in der Unteren Stadt, auf dem Märkte stattfinden und Feste gefeiert werden.

SCHÖNHEIT AM ALTEN KANAL

Südlich von Neuburg liegt das landschaftlich reizvolle Donaumoos im Hügelland, nach Norden geht es von der Donau hoch zum Main-Donau-Kanal. Wo heute die große Wasserstraße fließt, ließ zuvor schon König Ludwig I. den Ludwig-Donau-Main-Kanal bauen. Ab den 1840er-Jahren konnte man darauf von Kelheim nach Bamberg schippern, Mitte des 20. Jahrhunderts wurde er aufgelassen. Bei Beilngries ist der „Alte Kanal“ in Schönheit trockengefallen und mit Röhricht bedeckt, bei Berching ist noch ein idyllischer Abschnitt erhalten. „Alt“ ist überhaupt das passende Adjektiv für die Region. Während man sich in Berchings historischem Kern innerhalb der Stadtmauer zumindest architektonisch ins Mittelalter zurückversetzt fühlt, findet man bei Thalmässing eine große Keltenschanze und Hügelgräber. Und in Gredings Archäologiemuseum ist man einem bajuwarischen Fünffachmord auf der Spur.

Berching hat aber noch einen ganz anderen Schatz zu bieten. „Wer einmal Glucks ‚Reigen seliger Geister‘ gehört hat, weiß, wie Musik Gefühle transportieren kann“, fand der Kirchenmusiker und Gluck-Experte Hermann Wiesner (1934–2019), der wie Christoph Willibald Gluck aus dem benachbarten Erasbach stammte. Das Berchinger Museum widmet sich dem großen Komponisten natürlich auch mit Hörproben seiner Werke. Einfach zum Genießen.

AN JEDER ECKE BIETET NEUBURG TRAUMHAFTE ARCHITEKTUR UND WUNDERBARE DETAILS.

Naturschutz

NUR OBERFLÄCHLICH SCHÖN?

Zwei Großprojekte haben das Gesicht des Altmühltals entscheidend verändert: der Main-Donau-Kanal und das Fränkische Seenland. Die Eingriffe in die Landschaft waren enorm; als ökologischer Ausgleich wurden neue Biotope und Naturschutzgebiete geschaffen. Doch reicht das?

Disteln, wie sie etwa am Rothsee wachsen, sind wichtige Nahrungsquellen für Wildbienen.

Für die Naturschützer war der Widerstand gegen den Main-Donau-Kanal ein Kampf von David gegen Goliath, den allerdings Goliath – verkörpert von der Bayerischen Landesregierung und der Rhein-Main-Donau AG (RMD) – gewann.

Seit 1992 verbindet die 171 Kilometer lange Wasserstraße Main und Donau. Vom Main bei Bamberg führt sie zunächst nach Süden durch das Bett der Regnitz, macht bei Roth einen Bogen Richtung Südosten, folgt dann dem Flusslauf der Sulz durch Berching und trifft in Dietfurt auf die Altmühl, die auf ihren letzten Kilometern bis zur Donau bei Kelheim als Kanal ausgebaut ist.

WIDERSTAND IM ALTMÜHLTAL

Mit dem Bau des Kanals wurde schon 1959/60 begonnen; auf großen Widerstand stieß er jedoch erst ab den 1970er-Jahren, als Umweltschutz im allgemeinen Bewusstsein an Gewicht gewann. Besonders umstritten war der Ausbau des 34 Kilometer langen Altmühlabschnitts, einer schönen, unberührten Flusslandschaft. Gegen den Kanal war auch der Bund der Steuerzahler, der ihn als gigantische Fehlinvestition ansah. Und für Volker Hauff (SPD), von 1980 bis 1982 Bundesverkehrsminister, war er gar „das dümmste Projekt seit dem Turmbau zu Babel". Der Bund wäre gern aus dem Projekt ausgestiegen, doch das Land Bayern bestand auf der vertraglich festgelegten Finanzierung für den Ausbau.

Die wirtschaftlichen Hoffnungen als Gütertransportweg konnte der Kanal nicht erfüllen. Die prognostizierten Frachtzahlen wurden nie erreicht, Tendenz sinkend. Lediglich die Sportboote sind immer mehr geworden – und die Kreuzfahrten. Die Zahl der Schiffe ist auf jährlich knapp 1300 gestiegen. Alles in allem ist der Kanal auch eine teure Freizeitwasserstraße geworden, von der der regionale Tourismus durchaus profitiert. Die jährlich rund 15 Millionen Euro Betriebskosten werden jedoch nur teilweise durch Gebühren gedeckt.

ÖKOLOGISCHES DESASTER

Etwa 2,3 Milliarden Euro verschlang der Ausbau des Main-Donau-Kanals,

Den Vogelbeständen hat die Trennung von Freizeit- und Naturschutzraum geholfen. Hier der Altmühlsee.

Ein Teichhuhn hat ein ruhiges Plätzchen gefunden; unweit davon herrscht Trubel am See.

Main-Donau-Kanal und Seenland

Main-Donau-Kanal
Bauzeit: 1960–1992
Kosten: 2,3 Milliarden €
Länge: 171 Kilometer
Überwundener Höhenunterschied: 243 Meter
Schleusen: 16
Vorgängerbauwerk: Ludwig-Donau-Main-Kanal (1836–1845)

Infozentrum Seenland
Mandlesmühle 1
91785 Pleinfeld
Anfang April–Anfang Okt. tgl. 10.00–16.00 Uhr

Informationszentrum Altmühltal
www.naturpark-altmuehltal.de

LBV-Umweltstation Altmühltal
Schlossstr. 2
91735 Muhr am See
Tel. 0983148 20
www.altmuehlsee.lbv.de

wovon knapp 20 Prozent in ökologische Ausgleichsmaßnahmen investiert wurden. Zwischen Riedenburg und Kelheim scheint sich die Natur inzwischen erholt zu haben, doch nach Ansicht von Experten ist das neue Grün eher kosmetisch.

ZWISCHENSTAND NACH 25 JAHREN

Zum 25. Jubiläum 2017 stellte der Bund für Umwelt und Naturschutz Deutschland (BUND) dem Kanal ein verheerendes Zeugnis aus. Im Sulztal zwischen Berching und Beilngries, im Ottmaringer Tal und im Altmühltal sind etwa 600 Hektar Feuchtgebiete und weitere ökologisch wertvolle Flächen zerstört oder geschädigt worden, was einen großen Artenschwund nach sich zog. Betroffen sind unter anderem Erdkröte und Wasserspitzmaus, Rohrammer, Sumpfrohrsänger, Zwergtaucher oder Braunkehlchen. Auch die Fischpopulation hat sich verändert, und da es keine Laichplätze mehr gibt, muss Fischlaich eingesetzt werden.

GETEILTE MEINUNGEN

Der Kanal dient auch dazu, Donauwasser über den Rothsee ins Rednitz-Main-System umzupumpen. Heute – da sind sich die Experten einig – würde man dafür allerdings nicht mehr fünf Seen aufstauen. Außerdem würde sich die Bevölkerung heutzutage wahrscheinlich viel heftiger dagegen wehren, wenn geplant würde, rund 30 Quadratkilometer Wald- und Ackerflächen zu überfluten.

Was ursprünglich als wasserwirtschaftliche Maßnahme gedacht war, ist heute als touristisches Ziel ein erheblicher Wirtschaftsfaktor. Die Meinungen der Umweltschützer sind geteilt. Der BUND beklagt den Verlust der Flächen; zudem könnten durch die Überleitung nach Franken neue Tierarten einwandern – mit unabsehbaren Folgen für das dortige Ökosystem. Der Landesbund für Vogelschutz (LBV) jedoch, der in den 1970er-Jahren gegen den Bau des Seenlands kämpfte, sieht in der strengen Trennung in Freizeit- und Naturschutzraum einen Erfolg. Vor allem für Vögel sei wertvoller Lebensraum geschaffen worden.

Viel Aufwand, wenig Ertrag? Der Main-Donau-Kanal bleibt weit unter seinen Möglichkeiten, rund das Drei- bis Vierfache an Gütern ließe sich auf ihm transportieren.

GUNZENHAUSEN
Pleinfeld
Thalmässing
BERCHING
ELLINGEN
WEISSENBURG
in Bayern
GREDING
BEILNGRIES
Naturpark
Altmühltal
Heidenheim
Treuchtlingen
PAPPENHEIM
Solnhofen
Schernfeld
EICHSTÄTT
Kinding
Titting
Raitenbuch
Burgsalach
Nennslingen
Bergen
Ettenstatt
Höttingen
Alesheim
Markt Berolzheim
Meinheim
Theilenhofen
Gnotzheim
Dittenheim
Polsingen
Wolferstadt
Langenaltheim
Dollnstein
Mörnsheim
WEMDING
MONHEIM
Fünfstetten
Rögling
Tagmersheim
Wellheim
Buchdorf
Kaisheim
Daiting
Marxheim
Rennertshofen
Adelschlag
Walting
Pollenfeld
Kipfenberg
Denkendorf
Stammham
Hitzhofen
Böhmfeld
Wettstetten
Hepberg
Lenting
Gaimersheim
Eitensheim
Buxheim
Nassenfels
Egweil
Bergheim
INGOLSTADT
Kösching
Fränkische Alb
Deutsche Limesstraße
Romantische Straße
Raitenbucher Forst
Schernfelder Forst
Hofstettner Forst
Donau
Maßstab 1:220.000
0
2
4km
1
2
3
4
5
6
7

DIE IDYLLISCHE MITTE

Auf dem gewundenen Weg der Altmühl durch die Fränkische Alb genießt man vom Wasser aus, auf Wander- und Radwegen eine malerische Landschaft. In Eichstätt und Neuburg verbinden sich Barock und Renaissance mit Kunstgenuss und modernem Lebensgefühl. Fossiliensammler können um Solnhofen ihr Glück versuchen.

1 Weißenburg

Auf dem Gebiet der Stadt (19 000 Einw.) stand im 1.–3. Jh. n. Chr. ein römisches Kastell. 1296 wurde Weißenburg Reichsstadt.

SEHENSWERT
Die **Altstadt** mit Stadtmauer, Fünfeckturm und Ellinger Tor ist denkmalgeschützt; herausragend sind das gotische **Reichsstädtische Alte Rathaus** (1476), das Kulturzentrum **Karmeliterkirche** (um 1350) und die 1327 geweihte **St.-Andreas-Kirche**.

MUSEEN
Das **RömerMuseum** **TOPZIEL** präsentiert den Römerschatz (Martin-Luther-Platz 3–5, https://museen-weissenburg.de; März–Mitte Nov. Di. bis So., Fei. 10.00–17.00, Mitte Nov.–Ende Dez. 10.00–12.30, 14.00 –17.00 Uhr). Römische Geschichte zeigen die **Römischen Thermen** (Am Römerbad 17 a; Mitte März–Mitte Nov. Di.–So., Fei. 10.00–17.00 Uhr) und das **Römerkastell Biriciana** mit rekonstruiertem Nordturm (Steinleinsfurt, frei zugänglich). Der Stadtgeschichte widmet sich das **ReichsstadtMuseum** (wie RömerMuseum), der Medizingeschichte das **Apothekenmuseum** (Rosenstr. 3, Führungen nach Anm. Tel. 09141 2307). Außenrundgang und Innenhof der **Festung Wülzburg** sind frei zugänglich (Führung stdl. Mai–Okt. Sa. 13.00 bis 16.00, So./Fei. 11.00–16.00, Pfingst- und Sommerferien auch Mo.–Fr. 13.00–16.00 Uhr).

VERANSTALTUNGEN
Die **Kirchweih** (Aug.) geht auf das 14. Jh. zurück. Das **Römerfest Biriciana** findet im Sept. statt.

RESTAURANT
Der **€/€€ Burgwirt** auf der Wülzburg serviert in historischem Ambiente fränkische Küche (Tel. 09141 997 82 06, www.burgwirt-wuelzburg.de).

UMGEBUNG
Das **Deutschordensschloss Ellingen** (5 km nördl.) beeindruckt mit Barock, Klassizismus und Schlosspark (April–Sept. Di.–So. 9.00 bis 18.00, sonst 10.00–16.00 Uhr, Führung stdl.).

INFORMATION
Tourist-Information, Martin-Luther-Platz 3, 91781 Weißenburg, Tel. 09141 90 71 24, www.weissenburg.de

Rekonstruiertes Römerkastell Biriciana bei Weißenburg. Burg Pappenheim. Stadtschloss von Treuchtlingen.

2 Treuchtlingen

Treuchtlingen (13 000 Einw.) bietet einen Kurpark und viele Freizeitmöglichkeiten. Hier ließ Karl der Große die Fossa Carolina graben.

SEHENSWERT
Von der Burgruine **Obere Veste** (12. Jh., frei zugänglich) hat man einen herrlichen Blick. Das **Stadtschloss** (1575) aus der Renaissance ist Sitz der Infozentren von Naturpark Altmühltal und Geopark Ries. Außerdem beherbergt es das **Posamenten-Museum** (Mo.–Fr. 9.00 bis 12.00, 13.00–17.00, April–Sept. auch Sa. 9.00 bis 13.00 Uhr). Am Nagelberg liegt der **Jüdische Friedhof** mit einem Mahnmal beim Schlossberg (Uhlbergstr.) Eine Modelleisenbahn fährt im **Miniaturland Treuchtlingen** (Elkan-Naumburg-Str. 35, www.miniaturland-treuchtlingen.de; Di.–So. 13.00–17.30 Uhr).
Das **Volkskundemuseum** zählt zu den größten in Bayern (Heinrich-Aurnhammer-Str. 10; April–Sept. Di.–So. 13.00–17.00 Uhr, sonst nur Mi.–Fr., So.). An der **Fossa Carolina** ist die Karlsgrabenausstellung zu sehen (Ortsteil Graben, Karlsgraben 7; Mai–Mitte Okt. Mi.–So. 14.00–17.00 Uhr).

ERLEBEN
Altmühltherme s. S. 22. Der **Radrundweg** „Die Steinreichen5" (46 km) führt durch die Natur- und Kulturlandschaft.

UMGEBUNG
7 km südöstl. zeigt die **Burg Pappenheim** Wehranlagen, Folterkammer, Natur- und Jagdmuseum (www.grafschaft-pappenheim.de; Ende März–Anf. Nov. Di.–So. 10.00–17.00 Uhr).

ÜBERNACHTEN
Der **€ Schnecken-Hof** ist ein renoviertes Jurahaus mit zwei Ferienwohnungen direkt am Altmühltal-Panoramaweg und dem Altmühltalradweg im Ortsteil Dietfurt (Sommerhausstr. 1, Tel. 09142 20 03 34, www.schnecken-hof.de).

INFORMATION
Kur- und Touristinformation, Heinrich-Aurnhammer-Str. 3, 91757 Treuchtlingen, Tel. 09142 96 00 60, www.treuchtlingen.de

❸ Solnhofen

Der 1700-Einwohner-Ort an einem der schönsten Altmühlabschnitte ist durch seine Fossilienfunde und Kalkplatten weltbekannt.

SEHENSWERT
Die Ruine der **Sola-Basilika** ist frei zugänglich (Senefelderstr., neben ev. Kirche). Im **Museum Solnhofen** präsentiert der Paläozoo Fossilien und Wissen zur Lithografie (Ende März–Anf. Nov. tgl. 9.00–17.00, sonst So. 13.00–16.00 Uhr).

ERLEBEN
Im **Hobbysteinbruch** TOPZIEL kann man Fossilien suchen (Frauenberger Weg, www.solnhofen.de; April–Anf. Nov. tgl. 10.00–17.00 Uhr). Eine Wanderung führt vom Bahnhof über den Altmühltal-Panoramaweg zu den **Zwölf Aposteln** (s. S. 70).
Das **Klettergebiet Dohlenfelsen** liegt bei Konstein (14 km südöstl., s. S. 71).

INFORMATION
Touristikinformation, Bahnhofstr. 8, 91807 Solnhofen, Tel. 09145 83 20 20, www.solnhofen.de

❹ Eichstätt

Die lebhafte barocke Universitätsstadt (14 000 Einw.) ist die „Hauptstadt" des Naturparks Altmühltal. Historische Gebäude, Kirchen, Klöster und Domherrenhöfe prägen das Stadtbild.

SEHENSWERT
Am barocken **Residenzplatz** steht die Fürstbischöfliche **Residenz** TOPZIEL mit Spiegelsaal und Prunktreppe (Mo.–Fr. 8.00–12.00, Do. auch 14.00–16.00 Uhr). Der 1718 barockisierte gotische **Dom** (13.–15. Jh.) zählt zu den bedeutendsten mittelalterlichen Baudenkmälern Bayerns. Zur Renaissance-Schlossfestung **Willibaldsburg** (1355) gehört der Lehrgarten Hortus Eystettensis.
Die **Klosterkirche St. Walburg** (1629–1631) mit der Gruftkapelle der hl. Walburga auf dem Walburgiberg (um 1450/60) ist eine berühmte Wallfahrtsstätte. Die **Schutzengelkirche** (1617–1620; Leonrodplatz) zieren Hunderte Engelsdarstellungen.

Abenteuerland

Wer ohne Vorkenntnisse klettern und den ein oder anderen Adrenalinkick erleben möchte, kann sich im Altmühltaler Abenteuerpark austoben. Auf unterschiedlich schwierigen Parcours aus Seilen und Stahlkabeln bewegt man sich hier in luftiger Höhe von Baum zu Baum. Kinder können schon ab 6 Jahren mitmachen.

Altmühltaler Abenteuerpark
März–Okt.; Bräuhausstr. 36, Beilngries, www.altmuehltaler-abenteuerpark.de

Gruftkapelle der hl. Walburga in Eichstätt. Dinopark in Denkendorf.

MUSEEN
In der **Willibaldsburg** zeigt das Jura-Museum u. a. ein Archaeopteryx-Original, das **Museum für Ur- und Frühgeschichte** ein Mammutskelett (beide Museen: Burgstr. 19; April–Sept. Di.–So., Fei. 9.00–18.00, sonst 10.00–16.00 Uhr). Das **Domschatz- und Diözesanmuseum** widmet sich der Geschichte des Bistums (Residenzplatz 7, www.dioezesanmuseum-eichstaett.de; Ende März–Okt., Mi.–So., Fei. 10.30 bis 17.00 Uhr), das **Informationszentrum Naturpark Altmühltal** den Attraktionen der Region (Notre Dame 1, www.naturpark-altmuehltal.de).

EINKAUFEN
Schnäpse und Liköre aus Zutaten der Region brennt die **Brennerei Gustav Mayer** (Weißenburger Str. 5, www.schnaps-mayer.de).

INFORMATION
Tourist-Information, Domplatz 8, 85072 Eichstätt, Tel. 08421 6 00 14 00, www.eichstaett.de

❺ Neuburg a. d. Donau

Die Große Kreisstadt (29 000 Einw.) war 1505 bis 1808 Residenzstadt des Fürstentums Pfalz-Neuburg.

SEHENSWERT
In der Oberen Stadt mit **Renaissance- und Barockbauten** TOPZIEL hoch über der Donau steht das **Residenzschloss** (1530–1545), eine bedeutende Renaissance-Anlage. Die Schlosskapelle zieren Fresken von 1543, den Schlosshof eine Sgraffitifassade (16. Jh.); der Ostflügel besitzt eine barocke Grottenanlage (1665–68). Das **Rathaus** (1609) steht am Karlsplatz, einem Renaissance- und Barockensemble. Zum **Schlossfest** und zur **Sommerakademie** s. S. 114.

MUSEEN
Im Residenzschloss zeigt die **Staatsgalerie** (www.schloesser.bayern.de) flämische Barockmeister, das **Archäologiemuseum** Regionalgeschichte (beide April–Sept. Di.–So. 9.00 bis 18.00, sonst 10.00–16.00 Uhr). Das **Stadtmuseum** residiert im Adelspalais Wevelshaus (Amalienstr. A 19, www.stadtmuseum-neuburg.de; Mitte März–Dez. Di.–So. 10.00–18.00 Uhr).

INFORMATION
Tourist-Information, Ottheinrichplatz A 118, 86633 Neuburg an der Donau, Tel. 08431 5 52 40, www.neuburg-donau.info

❻ Beilngries

Das barocke Beilngries (5500 Einw.) liegt an Altmühl, Sulz und Main-Donau-Kanal. Die Stadt gehörte früher zum Fürstbistum Eichstätt und bietet eine gute touristische Infrastruktur.

SEHENSWERT
In der hübschen **Altstadt** präsentiert sich die Frauenkirche (1753/54) in purem Rokoko. Barock und Neobarock zeigt die Stadtpfarrkirche **St. Walburga** (1693/94 und 1912/13). **Schloss Hirschberg** (urspr. 12. Jh. und 18. Jh.) aus dem Rokoko ist bei Führungen zu besichtigen (www.tagungshaus-schloss-hirschberg.de). Im ehem. Franziskanerkloster sitzt das **Spielzeug- und Figurenmuseum** (Hauptstr. 49, www.beilngries.de; So./Fei. 13.00–17.00, April–Okt. auch Mi. 15.00–17.00 Uhr). Zum **Brauereimuseum** s. S. 54. Die **Erlebniswelt Wasserstraße** in der Gösselthalmühle (18. Jh.) informiert über den Main-Donau-Kanal und die Schifffahrt (Gösselthal 2; tgl. 8.00–18.00 Uhr).

HOTEL / RESTAURANT
Das **€€ Fuchsbräu Hotel** bietet im Zentrum 72 Z. sowie im historischen Haus Kaiserbeck aus dem 16. Jh. drei Suiten. Zum Haus gehört das **€€/€€€ Fuchsbräu Restaurant** mit gehobener Regionalküche und Biergarten (Hauptstr. 23, Tel. 08461 65 20, www.fuchsbraeu.de).

UMGEBUNG
Highlights im **Dinosaurier Museum Altmühltal** TOPZIEL in Denkendorf (10 km südl.) sind das weltweit einzige echte Skelett eines jugendlichen Tyrannosaurus rex und der größte je gefundene Flugsaurier in Lebensgröße; auch ein Erlebnispfad mit lebensgroßen Dinosaurierfiguren gehört dazu (Dinopark 1, www.dinosauriermuseum.de). Bei **Gungolding** (18 km südwestl.) führt eine Etappe auf dem Altmühltal-Panoramaweg (Walting–Kipfenberg) durch die ca. 70 ha große **Gungoldinger Wacholderheide** TOPZIEL. Dort wachsen Wacholder, wilde Rosen, Schlehen und Weißdorn, dazwischen Felsennelken, Enziane, Heideröschen. Damit die einmalige Landschaft nicht verbuscht, werden dorthin Schafe zum Grasen „abkommandiert".
In **Kipfenberg** (16 km südwestl.) residiert das Römer-und-Bajuwaren-Museum (www.bajuwaren-kipfenberg.de; Juni–Aug. tgl. 10.00 bis 18.00 Uhr, sonst kürzer).

INFORMATION
Tourist-Information, Hauptstr. 14, 92339 Beilngries, Tel. 08461 84 35, www.beilngries.de

7 Berching

Die Gluck- und Cittàslow-Stadt Berching (3300 Einw.) ist über 1100 Jahre alt und besitzt ein in Bayern einzigartiges geschlossenes mittelalterliches Stadtbild.

SEHENSWERT
Eine Stadtmauer (15. Jh.) umgibt die **Altstadt**. In der Vorstadt hütet die **St.-Lorenz-Kirche** (11. Jh.) wertvolle Tafelbilder. Das **Museum Berching** widmet sich dem Komponisten Christoph Willibald Gluck (An der Johannesbrücke; Mai–Sept. Di.–So., Fei. 13.30–16.30 Uhr).

ERLEBEN
Am Alten Kanal kann man an **Treidelfahrten** teilnehmen (Hauptstr. 2 B, 92334 Pollanten, Tel. 08462 5 81, www.kutscher-alm.de).

UMGEBUNG
Im barocken **Greding** (12 km südwestl.) präsentiert das Archäologiemuseum die Regionalgeschichte (Marktplatz 8; Mo.–Fr. 9.00–12.00, Do. auch 14.00–17.30, So., Fei. 13.00–18.00, Mai–Okt. Mo., Di. auch 14.00–16.00 Uhr).
Zum Fundreich **Thalmässing** (15 km westl.) gehören eine Keltenschanze, Bajuwaren- und Keltenhäuser in Landersdorf und das Archäologische Museum (Marktplatz; April–Okt. Di.–So., Fei. 13.00–17.00 Uhr, Jan.–März nur Fr.–So., Fei.).
Im Ortsteil **Dixenhausen** entführt Bärbels Garten in ein Gartenparadies (www.baerbels-garten.de).

INFORMATION
Tourismusbüro Berching, Pettenkoferplatz 12, 92334 Berching, Tel. 08462 2 05 13, www.berching.de

PADDELN AUF DER ALTMÜHL

Die Altmühl ist von Gunzenhausen bis Kelheim auf einer Länge von 154 Kilometern mit dem Boot befahrbar. Der schönste Abschnitt führt zwischen Treuchtlingen und Beilngries an historischen Städten und landschaftlichen Höhepunkten vorbei. Der langsame Fluss ist auch für Anfänger gut geeignet.

Ab dem Wehr in Treuchtlingen paddelt man auf der gemächlichen Altmühl direkt in die südliche Frankenalb hinein. Wer allein unterwegs ist, hört nur die Vögel zwitschern, das plätschernde Wasser und sonntags das Läuten der Kirchenglocken. Vorbei an Pappenheims Schloss und an Solnhofen, erreicht man die Felsformation Zwölf Apostel; sportlich spannend wird es an den Bootsrutschen der Wehre Hammermühle und Hagenacker. Bei Dollnsteins Trockenhängen sieht man vom Boot aus den Kletterern am Burgsteinfelsen zu.

Das Kanu zu Wasser lassen ist immer der kniffligste Teil. Sitzt man erst mal im Boot, geht es auf der Altmühl, wie hier bei Solnhofen, dann sehr gemütlich voran.

In Eichstätt grüßen die Willibaldsburg und die moderne Universitätsbibliothek, bei Walting überspannt eine Steinbrücke aus dem 15. Jahrhundert den Fluss. Ein Übergang bestand hier schon in römischer Zeit. Nach der Wacholderweide bei Gungolding kreuzt die Altmühl den Limes. Den Lärm der nahen A 9 muss man kurz ausblenden, doch bei Kinding herrscht wieder Ruhe auf der Strecke durch die weiten Wiesenlandschaften bis Beilngries.

Länge: 95 km, ca. fünf Etappen.
Zahlreiche Einstiegstellen ermöglichen auch Tagestouren.
Eine sehr schöne Strecke verläuft von Solnhofen nach Eichstätt.

Streckenbeschreibung (inklusive GPX-Datei zum Downloaden) mit einem Verzeichnis der Bootsverleiher, Bootsrast- und Campingplätze gibt's bei den örtlichen Tourist-Informationen und unter www.naturpark-altmuehltal.de.

Unteres Altmühltal

*

EIN GRANDIOSES FINALE

*

Zwischen Dietfurt und Kelheim fließt die Altmühl zwischen steilen Hängen, auf denen mittelalterliche Burgen wachen. Tief hinein in den Untergrund geht es in Karsthöhlen und in Riedenburg zum größten Kristall der Welt. In Kelheim erreicht der Fluss die Donau, die an der Weltenburger Enge einen eindrucksvollen Auftritt hat.

Blick von der Burgruine Randeck bei Essing auf das Altmühltal. Dort überspannt die Holzbrücke „Tatzelwurm" den Fluss.

Rechts: Morgendunst über dem Altmühltal beim Blick hinab von Schloss Eggersberg

Unten: Das Wagnerei-Museum Zacherl in Dietfurt widmet sich dem alten Handwerk des Wagners, der für Räder zuständig war, nebenher aber auch Schlitten Schubkarren, und Stiele anfertigte.

Dietfurts Stadtbach, die Weiße Laaber, besitzt familientaugliche Qualitäten.

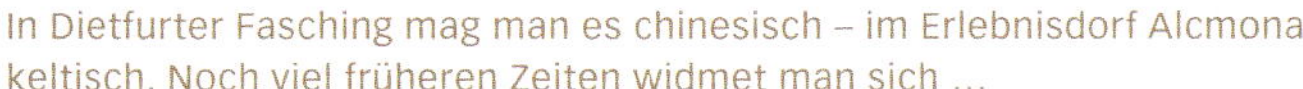

In Dietfurter Fasching mag man es chinesisch – im Erlebnisdorf Alcmona keltisch. Noch viel früheren Zeiten widmet man sich …

… im Museum im Hollerhaus. Neben der Siedlungs- und Landschaftsgeschichte der Region zeigt es auch eine Fossiliensammlung.

DIETFURT IST AUCH ALS »CHINESENSTADT« BEKANNT.

„Nasi nasi wu, ka ka du, ka ka da", sang die geniale Liesl Karlstadt in den 1920er-Jahren „chinesisch" – in Dietfurt heißt es seit Jahrzehnten jedes Jahr am Unsinnigen Donnerstag ähnlich sinnentleert „Kille Wau!" und „Tschei Mitschi Tscheng". Im Fasching verwandelt sich das beschauliche Städtchen so schräg in „Bayerisch China", dass sogar das chinesische Staatsfernsehen darüber berichtet. Und das interessiert sich ansonsten für das Altmühltal so lebhaft wie die Altmühltaler für den berühmten Sack Reis, der in Peking umfällt. Mittlerweile kommen sogar chinesische Touristen, um das Treiben samt Umzug durch die Straßen anzuschauen und sich über die ausgedachten Schriftzeichen zu amüsieren.

ASIATISCH-ALTMÜHLTALER FREUNDSCHAFT

Die Tradition beruft sich auf eine Aussage des Kämmerers des Eichstätter Fürstbischofs. Wenn es um Steuereintreibungen gehe, so klagte er angeblich, würden sich die Dietfurter „wie die Chinesen hinter ihrer Mauer" verstecken. Den heutigen Dietfurtern hat es Asien auf jeden Fall angetan: Die chinesische Millionenmetropole Nanjing ist Partnerstadt, ein reger Kulturaustausch wird gepflegt, am Qi-Gong-Weg kann man nach Art der Traditionellen Chinesischen Medizin die Selbstheilungskräfte stimulieren, und zum Franziskanerkloster von 1660 gehört seit 1977 ein Zen-Meditationshaus.

Dazu passt gut der malerische Beiname Dietfurts, das sich „Sieben-Täler-Stadt" nennt, weil im Umkreis sieben Flusstäler liegen, an denen früher zahlreiche Mühlräder klapperten. In Dietfurt kann man die letzte noch laufende Mühle im Altmühltal besichtigen, die bereits 540 Jahre auf dem Buckel hat.

PERLE UND KRISTALL

Auf Dietfurter Gebiet trifft die Altmühl mit dem Main-Donau-Kanal zusammen und hat nun ihren letzten, rund 35 Kilometer langen Abschnitt bis Kelheim erreicht. Der Kanal ist bis heute umstritten (siehe auch Seite 88), doch den Städtchen entlang dem Kanalufer – einem „Radler-Highway" – hat er hochwillkommenen touristischen Aufschwung gebracht. Ausflugsschiffe mit gut gelaunten Passagieren schippern von Kelheim nach Riedenburg, das früher sehr verschlafen war und heute mit seinen renovierten historischen Fassaden als „Perle des Altmühltals" glänzt. Im Museum glitzert hier der größte Bergkristall der Welt, und das Kanalufer verschönern moderne Skulpturen.

Altstadt von Kelheim: In der netten Kleinstadt mündet die Altmühl in die Donau. Im Hintergrund das Altmühltor (13. Jh.), eines von drei noch erhaltenen Stadttoren.

Oben: Das kitzelt und piekt! Barfußpfad von Dietfurt, das in der Oberpfalz liegt, während Kelheim (rechts) schon zu Niederbayern gehört.

Was wird von unserer Kultur einmal bleiben? Von den Kelten viel Keramik, die das Archäologische Museum in Kelheim ausstellt.

Blick über Abensberg: Den Entwurf für den „Hundertwasserturm" der Weißbierbrauerei Kuchlbauer hat der berühmte Friedensreich Hundertwasser angefertigt; realisiert wurde der Turm, leicht verändert, von Peter Pelikan.

Riedenburgs Wahrzeichen ist die Rosenburg aus dem 12. Jahrhundert, auf der hoch über der Stadt die Adler, Geier und Falken des Falkenhofs ihre Flugkünste zeigen. Ein Rundwanderweg führt weiter zu den Burgruinen Trachenstein und Rabenstein oberhalb der Schambach, die ein landschaftlich reizvolles Tal geschürft hat, selbstverständlich mit einer Burg, in Altmannstein.

MINNESANG UND STEINZEITKUNST

„Hier lebten schon vor Jahrzehntausenden Menschen", erläutert die Archäologin Eva Wolf, „weil sie hier gute Bedingungen vorfanden: fischreiches Wasser, Wild, Höhlen, in denen sie Schutz fanden." Und vielleicht fanden sie es hier auch so schön wie man selbst, möchte man hinzufügen, beim weiten Blick von Burg Prunn über das Tal.

Die Burgen auf den steilen Jurafelsen der Altmühl waren Machtzentren, in denen auch die Kunst gepflegt wurde. „Ich verbrachte den Winter allein, wohl hätte mich eine Frau trösten können / Das Heil hätte sie mir mit Freuden künden können, die Blumen und die Sommerzeit", heißt es in einer Riedenburger Dichtung aus dem 12. Jahrhundert. Damals wirkte Graf Heinrich III. von der Rosenburg als einer der ersten namentlich bekannten Minnesänger Bayerns, und sein Sohn trat in seine Fußstapfen. Auf Burg Prunn, die direkt einem Ritterroman entsprungen zu sein scheint, wurde der „Prunner Codex" erstellt, die viertälteste vollständige Handschrift des Nibelungenlieds.

Kunst und Ästhetik spielte aber auch schon für die Menschen der Steinzeit eine Rolle, die vor 15 000 Jahren auf der anderen Seite des Flusses in den Klausen- und Kastlhänghöhlen lebten. Sie hinterließen dort verzierte Werkzeuge und die feine Ritzzeichnung eines Wildpferds.

IN DIE UNTERWELT

Höhlen findet man überhaupt viele in diesem karstigen Teil der Frankenalb, in dem das Wasser der Niederschläge

Kelheim: Die Befreiungshalle hatte König Ludwig I. zur Erinnerung an den Sieg über Napoleon in Auftrag gegeben. Innen bilden 34 Siegesgöttinnen aus weißem Marmor einen Kreis. Licht fällt durch die 45 Meter hohe Kuppel ein.

Die Klausenhöhle bei Essing ist eine der vielen fürs Altmühltal typischen Karsthöhlen.

1863 wurde die Befreiungshalle in Kelheim eröffnet. Auf den Strebepfeilern der Fassade stehen 18 Kolossalstatuen, die die deutschen Volksstämme symbolisieren sollen.

Archäologisches Museum in Kelheim: Das Keltenfest bietet reichlich Gelegenheit, sich mit dem Leben der Altvorderen vertraut zu machen.

So werden Handwerkskünste der Kelten demonstriert und allerlei – nicht nur keltische – Speisen und Getränke angeboten.

Archäologie

Special

Erstes „Industriegebiet"

Bei Kelheim findet man auf kleinstem Raum menschliche Relikte, Artefakte und Siedlungsspuren aus 80 000 Jahren.

Den Auftakt machten die Neandertaler, gefolgt von weiteren Kulturen bis zu den ersten Ackerbauern. Die Eisenzeit fand ihren Höhepunkt auf dem Michelsberg, wo im 3. bis 1. Jahrhundert v. Chr. die Keltenstadt Alkimoennis lag, mit rund 650 Hektar eine der größten Oppidae in ganz Europa. Die Schutzmauern und mächtigen Wälle der Siedlung verliefen kilometerlang quer über den Michelsberg, wo Eisenerz im Tagebau geschürft und verhüttet wurde. Noch heute finden sich meterdicke Kohle-Schlacken-Schichten im Boden dieses keltischen „Industriereviers", das von der Lage an zwei Flüssen und Handelswegen profitierte.

Als die Römer im 1./2. Jahrhundert n. Chr. den Limes an der Donau errichteten, war die große Keltenstadt schon verlassen. Ende des 3. Jahrhunderts fiel die Grenze unter den Alamanneneinfällen, und das römische Herrschaftsgebiet zog sich zur Donau zurück. Nach und nach ließen sich im 4. und 5. Jahrhundert Germanen aus Böhmen und anderen Regionen nieder und verbanden sich mit der ansässigen Bevölkerung: Aus dieser ethnisch bunten Mischung entstanden die Bajuwaren. Im 6. Jahrhundert siedelten sie auch im heutigen Kelheim, das von nun an „bayerisch" war.

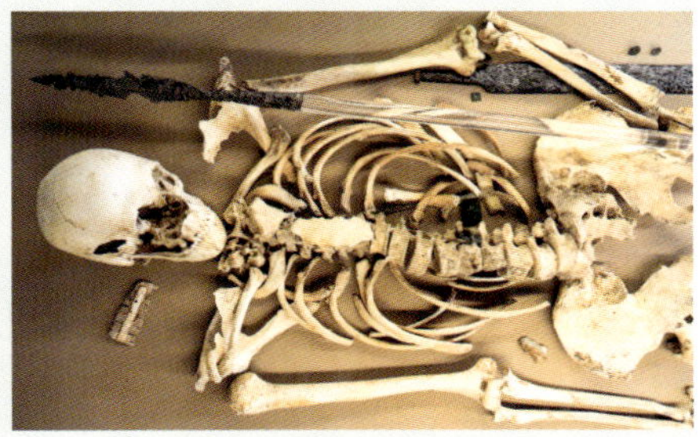

Einer der Urahnen im Museum Kelheim

schnell versickert und im Kalkstein unterirdische Bäche und Seen bildet. Oberirdisch zeigt sich das permanente Nagen des Wassers in Höhlen, Dolinen – und in Mühlbach bei Dietfurt, wo an einer großen Karstquelle jede Sekunde etwa 300 Liter Wasser schier unglaublich blau aus dem Juragebirge an die Oberfläche treten und in die nahe Altmühl fließen. Erst 2001 entdeckten Forscher hier im Untergrund einen unterirdischen Bachlauf, Tropfsteine, einen See und einen Wasserfall. Für Laien ist der Weg in die Tiefe zu gefährlich, aber man kann an der Oberfläche einem höhlenkundlichen Pfad folgen, der genau erklärt, was entlang der Strecke gerade unter der Oberfläche passiert.

ÜBER DEN TATZELWURM

In Essing, über das früher Burg Randeck wachte, überspannt eine der längsten Holzbrücken Europas die Altmühl. Wegen ihrer geschwungenen Form wird sie „Tatzelwurm" genannt, nach dem kleinen Verwandten des Lindwurms, der sich windet und schlängelt. Über die Brücke kommt man von der sonnseitigen nördlichen zur südlichen Altmühlleite, wo zwischen den Felsen schattige Buchenwälder und in den Schluchtwäldern Linden, Ahorne, Eschen, Eiben sowie viele seltene Farne wachsen. Die Uferhänge

Blick von der Befreiungshalle auf dem Michelsberg: Das Donautal zwischen Kelheim und Neustadt gehört zu den ökologisch wertvollsten Fluss- und Auenlandschaften in Bayern.

Die jahrhundertealte hölzerne „Bruck" führt schnurstracks zum „Bruckturm" von Essing Nördlich davon spannt sich der „Tatzelwurm" über den Main-Donau-Kanal, eine 1986 ebenfalls aus Holz errichtete Brücke.

gehören wie auch die Gungoldinger Wacholderheide und weitere Gebiete an der Altmühl zwischen Pappenheim und Kelheim zum Naturschutzgroßprojekt „Altmühlleiten". Fast 4000 Hektar ist dieses Mosaik aus Magerrasen, Felsen, Steinschutt und -brüchen, Hecken, Buchen- und Hutewäldern insgesamt groß, seine Vielfalt enorm. Schon mehr als 360 Arten, die auf der Roten Liste stehen, hat man hier entdeckt; zu den seltenen und bedrohten Bewohnern gehören Apollofalter, Ragwurz, Arnolds-Habichtskraut – und Lonely George: Die Große Hufeisennase hat 33 Jahre lang als einzige ihrer vom Aussterben bedrohten Fledermausart in der Tropfsteinhöhle Schulerloch überwintert, und zwar stets an exakt derselben Stelle. 2019 kam eine zweite Hufeisennase hinzu, jetzt ist die Hoffnung bei den Fledermausschützern groß ...

SPEKTAKULÄRE ENGSTELLE

Die Altmühl erreicht nun Kelheimer Gebiet. Von Süden rauscht die Donau heran, die sich zuvor in der gut fünf Kilometer langen Weltenburger Enge zwischen die einstigen Klippen des urzeitlichen Meeres zwängt. Strenggenommen hat sich die Donau nicht selbst diesen malerischen Weg durch den harten Kalk des Jura gegraben, sondern ein Nebenfluss der Urdonau, dessen schmales Bett sie vor rund 150 000 Jahren okkupierte. Teils 80 Meter überragen die Wände das Wasser – der Anblick ist von unten sehr beeindruckend.

Wer sich hier auskennt, weiß die markanten Felsen beim Namen zu nennen: den „Bienenkorb" mit den vielen verwitterten „Waben", den steilen „Kuchelfelsen", den „Unverschämten Mann", der der Donau die Rückseite zukehrt, oder „Napoleons Reisekoffer" (den er angeblich beim Rückzug vergaß). In der eigentlichen Schlucht bleiben für den Strom zwischen der „Stillen" und der „Langen Wand" nur noch 110 Meter. An der „Langen Wand" sieht man noch die Eisenringe, an denen früher die Fischer ihre Zillen flussaufwärts zogen.

Oberhalb des Donaudurchbruchs erhebt sich die Benediktinerabtei Weltenburg, berühmt für ihre zauberhafte Lage.

TREFFPUNKT IN KELHEIM

An der Einfahrt der Enge liegt am Ufer Kloster Weltenburg mit Biergarten und Klosterladen. Gleich nach der Ausfahrt grüßt seit Mitte des 19. Jahrhunderts von oben Leo von Klenzes Befreiungshalle. König Ludwig I. ließ sie in Gedenken an die Befreiungskriege gegen Napoleon von 1813 bis 1815 nicht unpompös auf dem Michelsberg errichten. Innen stehen 34 weiße Siegesgöttinnen, außen 18 Kolossalstatuen, die die „deutschen Stämme" symbolisieren sollen. Von dem hohen Sporn, der die letzten Meter von Altmühl und Donau trennt, schaut man weit über Kelheim, auf die Schiffsflotten, die auf der einen Seite nach Weltenburg und auf der anderen nach Riedenburg fahren, und zum modernen Hafen, wo die beiden Flüsse eins werden, nachdem sie sich auf ihrem Weg quer durch Bayern immer näher gekommen sind. Jetzt lockt ein Spaziergang durch die hübsche Altstadt, zum Alten Kanalhafen und vielleicht auch eine Brotzeit im Biergarten, und dazu ein spritziges Weizen, schließlich wird hier seit über 400 Jahren Weißbier gebraut.

Noch sehr viel länger zurück reicht die Brautradition in Weltenburg: Seit 1050 wird hier ohne Unterbrechung in der ältesten noch aktiven Klosterbrauerei der Welt Bier gebraut.

Kultur

Abtei der Superlative

Die Abtei St. Georg an der Weltenburger Enge kann historisch wie künstlerisch mit besonderen Rekorden aufwarten.

Der Überlieferung zufolge gründeten die kolumbanischen Mönche Eustasius und Agilus aus dem französischen Luxeuil bereits um 617 ein iroschottisches Kloster in Weltenburg, um von dort aus die Missionierung Bayerns in Gang zu bringen. Das erste Kloster stand anfänglich wohl auf dem Arzberg, dem markanten Bergsporn hinter der heutigen Anlage, in einem aufgelassenen römischen Kastell, das wiederum auf den Ruinen einer Keltenfestung errichtet worden war. Ans Donauufer wurde es im 8. Jahrhundert verlegt, und nun zogen Benediktinermönche in die neue Stätte ein.

Ein künstlerischer Coup gelang schließlich Abt Maurus Bächl im 18. Jahrhundert, als er beim Umbau des Klosters auch die alte Kirche aus dem 8./9. Jahrhundert neu errichten ließ. Für die Bauplanung und Ausstattung engagierte er Cosmas Damian, einen jungen Maler, der gerade sein Studium in Rom abgeschlossen hatte, und dessen jüngeren Bruder Egid Quirin Asam. Die beiden schufen in ihrem ersten gemeinsamen Kirchenbau ein Gesamtkunstwerk aus Malerei, Plastik und Architektur, mit dem sie ihren Ruhm begründeten.

Weltenburg: Barock in opulenter Perfektion

Links: Die Abtei Weltenburg ist auch kunstgeschichtlich wertvoll: Die Klosterkirche St. Georg (1716 bis 1739) ist das erste Bauwerk Altbayerns im römischen Barock und eines der bedeutendsten Beispiele des europäischen Barocks.

Unten: Falkner Martin Geißendörfer aus Aichkirchen arbeitet mit einem Steinadler.

Bis zu 80 Meter türmen sich die Felswände an der Weltenburger Enge auf. Hier bahnt sich die Donau ihren Weg durch Kalkgestein, das für seinen Fossilienreichtum berühmt ist.

Schätze der Natur

TRADITIONALISTEN VOM FEINSTEN

Fische fangen, Schafe hüten, Bienen züchten, Kräuter und Beeren sammeln – laut Stellenbeschreibung bilden all diese Tätigkeiten die ältesten Berufe der Welt. Kulinarisch gehen Naturverbundenheit und überliefertes Wissen eine besonders fruchtbare Allianz ein.

Täglich kommt Lothar Ziegler um 5 Uhr morgens zum Donauufer bei Neustadt, um mit seiner Zille abzulegen. Es geht flott voran Richtung Weltenburger Enge. Das Wasser plätschert, Vögel sind zu hören, Enten fliegen auf, und am Ufer widmet sich ein Biber seiner Morgentoilette. Kloster Weltenburg liegt noch still. Auf einer Kiesbank schält sich ein Pärchen, das die Nacht im Freien verbracht hat, aus den Schlafsäcken.

Auf dem Wasser ist es kühl, der Fahrtwind weht um die Nase. Die Netze hat der Fischer schon am Vorabend an steilen Felsen im Fluss gesetzt, jetzt wird der Fang gesichert: Brassen, Barben, Rotaugen, Welse – und ein kleiner Fisch mit flachem Bauch und seltsam nackter, schuppenloser Haut. „Ein Sterlet", freut sich Lothar Ziegler und wirft ihn zurück ins Wasser. Die Störart ist vom Aussterben bedroht und streng geschützt.

Seit über 500 Jahren hat Zieglers Familie das Fischereirecht auf dem 50 Kilometer langen Donauabschnitt bei Neustadt, wobei die Fischerei für den Betriebswirt vor allem eine Passion ist. Wer entschleunigen möchte, kann mit ihm frühmorgens an der Donau ablegen und Eisvogel, Biber und Co. entdecken.

SCHAFE ALS LANDSCHAFTSPFLEGER

Von der Donau geht es zur Altmühl, wo Maria und Alfred Eichhorn im beschaulichen Schernfeld ihre Schäferei mit rund tausend Merinoschafen betreiben. Von April bis Dezember führt Alfred Eichhorn die Herde in Hütehaltung durch den Naturpark, dessen Kräuter für das unverwechselbare Aroma der Altmühltal-Lämmer sorgen. Wo die Schafe grasen, können Wacholderheiden, Trocken- und Magerrasen nicht verbuschen, bleibt der Lebensraum für seltene Arten wie Silberdistel oder Schwalbenschwanz erhalten. Auch im Nördlinger Ries betreiben Schäfer Landschaftspflege, was wiederum Ginkenner freut. Familie Scheible aus Alerheim bei Oettingen brennt aus den Wacholderbeeren den preisgekrönten „Krater Noster".

KRÄUTER, BLÜTEN UND BIENEN

Beeren zupft auch Siglinde Beck. Der Kräuterpädagogin haben es die Wildpflanzen angetan, die man in der Küche und im Brauchtum verwendet. Für Interessierte bietet sie Wanderungen dazu an. Mit der Bestäubung hingegen hat Marion Dunkes zu tun, die sich den Bienen widmet, wie zuvor schon ihr Vater, und in ihrer Heimatstadt Dietfurt Honig verkauft. Die Imkerei bereitet ihr Freude und Entspannung – und ist ihr wichtig: Regional produzieren und einkaufen bedeutet für sie, die Umwelt zu schützen und Qualität zu unterstützen.

Schafe pflegen Trockenwiesen an der Altmühl (ganz oben). Der letzte Donaufischer: Lothar Ziegler (oben).

Imkerin Marion Dunkes aus Dietfurt zeigt, wie fleißig ihre Lieblinge sind (oben). Siglinde Beck sammelt und verarbeitet Kräuter auf dem Holunderhof Lohe (links).

Gute Adressen

Fischerei Ziegler
Am Donaufeld 8, 93333 Neustadt a. d. Donau,
Tel. 09444 97 80 40

Scheible Bräu & Spirituosen
Hauptstrasse 52, 86733 Alerheim,
Tel. 09085 9 60 99 51, www.kraterspirits.de

Schäferei Eichhorn
Obereichstätter Weg 1, 85132 Schernfeld,
Tel. 08422 7 98, www.schaeferei-eichhorn.de

Holunderhof Lohe, Werner und Siglinde Beck
Lohe 2, 86732 Oettingen, Tel. 09082 47 17,
www.holunderhof-lohe.de

Marion Dunkes
Maria-Stern-Ring 1, 92345 Dietfurt, Tel. 08464 60 23 00

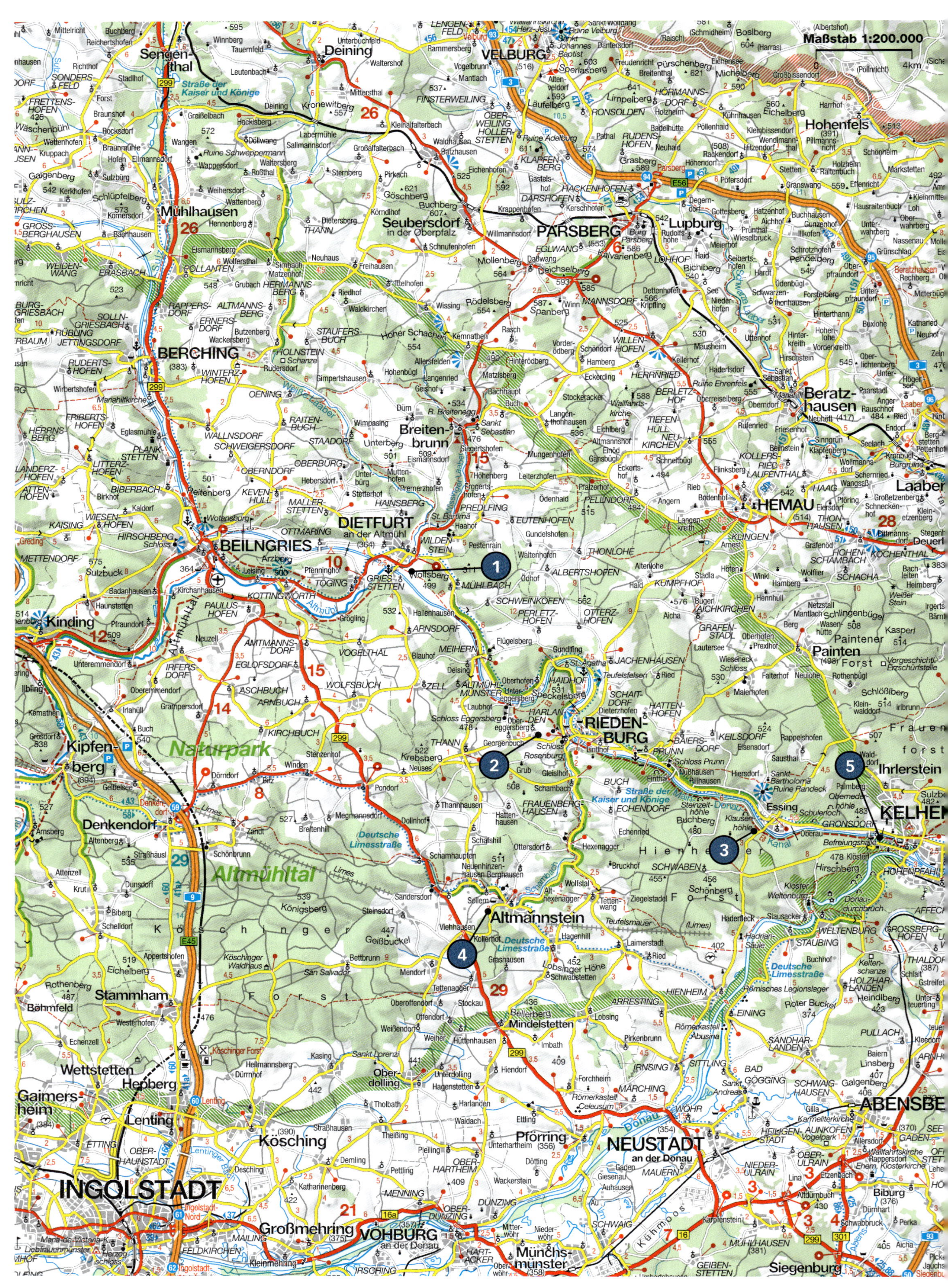

Maßstab 1:200.000
4km
Sengenthal
Deining
VELBURG
Hohenfels
Mühlhausen
Seubersdorf in der Oberpfalz
PARSBERG
Lupburg
BERCHING
Beratzhausen
Breitenbrunn
HEMAU
Laaber
DIETFURT an der Altmühl
BEILNGRIES
Kinding
RIEDENBURG
Naturpark
Kipfenberg
Painten
Ihrlerstein
KELHEIM
Denkendorf
Altmühltal
Altmannstein
Essing
Stammham
Wettstetten
Hepberg
Lenting
Gaimersheim
Kösching
Oberdolling
Mindelstetten
Pförring
NEUSTADT an der Donau
ABENSBERG
INGOLSTADT
Großmehring
VOHBURG an der Donau
Münchsmünster
Siegenburg
Biburg
Straße der Kaiser und Könige
Deutsche Limesstraße
1
2
3
4
5

IM BURGENLAND

Auf der rund 35 Kilometer langen Schlussetappe hat die Altmühl noch mal viel zu bieten: mächtige Ritterburgen, die malerischen Städtchen Dietfurt, Riedenburg und Essing, das idyllische Schambachtal, Höhlenwelten und Stadtluft in Kelheim. Bei Weltenburg liegen der eindrucksvolle Donaudurchbruch und das wohl älteste Kloster Bayerns.

1 Dietfurt

Die 900 Jahre alte „Sieben-Täler-Stadt" (6100 Einw.) ist als „Bayerisch China" mit ihrem „Chinesenfasching" sogar in China bekannt. Von der mittelalterlichen Befestigung sind im historischen Stadtkern noch sechs Türme erhalten.

SEHENSWERT
Am Marktplatz steht der **Chinesenbrunnen** vor dem Rathaus (1479). Im Rathaus ist eine **Ausstellung zum Chinesenfasching** zu sehen (Mo.–Fr. 8.00–12.00, Do. auch 16.00–18.00 Uhr). Beachtenswert sind die barocke Pfarrkirche **St. Ägidius** (15./18. Jh.) mit den Anbetungsengeln von Ignaz Günther und im Ortsteil Griesstetten die barocke **Wallfahrtskirche** Zu den Drei Elenden Heiligen (1740–1747).

MUSEEN
Im **Altmühltaler Mühlenmuseum** erlebt man den laufenden Mühlenbetrieb (Hauptstr. 51, www.altmuehltalermuehle.de; tgl. 8.00–21.00 Uhr). Bis 1950 erzeugte die Regnatmühle (urspr. 15. Jh.) Strom für Dietfurt. Das **Museum im Hollerhaus** zeigt in einem Jurahaus die Natur- und Besiedlungsgeschichte des Altmühltals (Pfarrgasse 6; Mai–Mitte Okt. Mi., Fr.–Sa., Fei. 14.00–17.00 Uhr, April nur Sa./So.). Das **Wagnerei-Museum** erzählt vom Handwerkeralltag vor rund 100 Jahren; die Maschinen werden noch benutzt (Goggerturm 24, www.wagnerei museum-dietfurt.de; Führungen Tel. 08464 60 21 23).
Im Ortsteil Mühlbach beschreibt die **Ausstellung Stein.Wasser.Höhle** die Geschichte der mittelalterlichen Obermühle und der Jurahäuser sowie die Forschungsergebnisse der Mühlbachquellhöhle (Obermühlenweg 3, www.ober muehle-muehlbach.de; tgl. 9.00–17.00 Uhr).

ERLEBEN
Das **Erlebnisdorf Alcmona** (keltischer Name für „Altmühl") bei der Schleuse am Main-Donau-Kanal zeichnet mit einem nachgebauten Haus und vielen Veranstaltungen das Leben der Keltenzeit nach (Am Kanal, www.alcmona.de). Das Dorf ist die Endstation des Archäologieparks Altmühltal (s. S. 113).
An der Stadtlaber liegt der **Barfußpark**. Start- und Zielpunkt des **Qi-Gong-Wegs** (3 km) ist das Franziskanerkloster.
Im Ortsteil Ottmaring beginnen **Segway-Touren** am Campingplatz (7-Täler Segway-Tours, Tel. 08464 60 52 11, www.segway-ottmaring.de).

RESTAURANT
Das **€/€€ China-Restaurant 7 Täler** serviert passend zu „Bayerisch-China" traditionelle chinesisch-kantonesische Küche (Mallerstetter Str. 21, www.chinarestaurantsiebentaeler.de).

VERANSTALTUNGEN
Der **Dietfurter Chinesenfasching** tobt am Unsinnigen Donnerstag. In der Kirche des Franziskanerklosters finden zur Fastenzeit **Ölbergspiele** statt.

Tipp

Vogelwild

Schon im Mittelalter pflegte man die Kunst der Falknerei. Wer erfahren möchte, wie es sich anfühlt, einen Falken in die Lüfte zu entlassen und zusammen mit einem Bussard zu wandern, kann bei Falkner Martin Geißendörfer selbst den Falknerhandschuh überziehen und sogar den mächtigen Steinadler auf den Arm nehmen.
So ganz aus der Nähe wirkt dessen Schnabel wirklich beeindruckend.

Martin Geißendörfer,
Am Kiefel 2, 93155 Aichkirchen,
Tel. 09491 9 52 01 89,
www.vogelwild.net

Eine echte Kuriosität: Chinesenbrunnen auf dem Marktplatz in Dietfurt.

INFORMATION
Tourist-Information im Rathaus,
Hauptstr. 26, 92345 Dietfurt,
Tel. 08464 64 00 19, www.dietfurt.de

2 Riedenburg

Die historischen Häuser des Luftkurorts (5600 Einw.) liegen zwischen Jurafelsen, den Laubwäldern unterhalb der Rosenburg und den Burgruinen Rabenstein und Tachenstein. Am Kai legen die Ausflugsschiffe von Kelheim an.

SEHENSWERT
Die **Rosenburg** (urspr. 12. Jh.), Stammsitz der Grafen von Riedenburg, wurde mehrmals erweitert und umgebaut. Der Rundweg Drei-Burgen-Steig (2 km) führt vom Marktplatz zur Rosenburg und zu den Burgruinen Rabenstein und Tachenstein. Am Stadtweiher stehen am Kanalskulpturenweg zeitgenössische **Skulpturen**. Im **Kristallmuseum** funkelt die größte Bergkristallgruppe der Welt (3 × 2 m, 7,8 t) neben Diamanten, Turmalinen und weiteren Edel- und Heilsteinen (Bergkristallstr. 1, www.kristall museum-riedenburg.de; März–Okt. Sa./So. 9.00

bis 17.00 Uh). In der dazugehörigen Fasslwirtschaft sitzt man in Fässern (www.fasslwirtschaft.de). Das **Burgmuseum** auf Schloss Rosenburg erzählt die Geschichte der Falknerei, der Grafen von Riedenburg und der Rosenburg (www.falkenhof-rosenburg.de; Mitte März bis Mitte Okt. Di.–So. 10.00–17.00 Uhr). Das **Hofmarkmuseum** auf Schloss Eggersberg präsentiert Exponate u. a. aus der Hallstattzeit und dem Mittelalter (www.schloss-eggersberg.de; April–Okt. tgl. 12.00–18.00 Uhr).

ERLEBEN
Auf der Rosenburg finden **Flugvorführungen** der Greifvögel statt (Di.–So. 11.00, 15.00 Uhr). Zur 1 km langen **Sommerrodelbahn** Altmühlbob gehören auch Quadfahrten und Streichelzoo (www.altmuehlbob.com; April–Okt. tgl., März Sa./So. 10.00–17.30 Uhr). Nebenan bietet der **Freizeitsee** St. Agatha Badespaß.

HOTEL/RESTAURANT
In **€€/€€€ Schloss Eggersberg** schläft man in 17 Zimmern/Suiten im historischen Renaissance-Ambiente. Dazu gehören ein Café mit Terrasse sowie ein Restaurant in verschiedenen Räumlichkeiten mit regionaler und mediterraner Küche (Tel. 09442 9 18 70, www.schloss-eggersberg.de).

INFORMATION
Tourist-Information, Marktplatz 1,
93339 Riedenburg, Tel. 09442 90 50 00,
www.riedenburg.de

3 Essing

Der mittelalterliche Markt (1100 Einw.), der sich unterhalb Burg Randeck zwischen Fluss und Felsen schmiegt, gehört zu den malerischsten Anblicken in diesem Altmühlabschnitt und ist Station für die Ausflugsschiffe.

SEHENSWERT
Unweit der 190 m langen **Holzbrücke Tatzelwurm** führt eine **historische Holzbrücke** durch das gotische Brucktor in den Ort. Oberhalb bietet die Ruine der mächtigen **Burg Randeck** (11. Jh.; April–Okt. tgl. 9.30–18.00 Uhr), eine der ältesten Burgen Bayerns, eine fantastische Aussicht über das Tal. An der Altmühl thematisiert der **Kunstweg** mit modernen Skulpturen Geschichte und Landschaft.

UMGEBUNG
Rund 3 km südöstl. liegt die Tropfsteinhöhle **Schulerloch** (s. S. 70). Auf der anderen Flussseite führen Wanderungen zu den Klausenhöhlen und der Kastlhanghöhle, die in prähistorischen Zeiten bewohnt waren (Stationen im Archäologiepark, s. „Ja, natürlich" rechts). Die um 1200 erbaute, fantastisch erhaltene **Burg Prunn** TOPZIEL (4,5 km nordwestl.) sieht auf ihrem steilen Jurafelsen wie das Idealbild einer Ritterburg aus. Themenführungen richten sich auch speziell an Kinder (www.burgprunn.de; nur mit Führung, April–Okt. tgl. 9.00–18.00, sonst Di.–So. 10.00–16.00 Uhr).

Essing: Geschwungene Holzbrücke Tatzelwurm und Burg Prunn.

INFORMATION
Touristinfo Essing, Marktplatz 1,
93343 Essing, Tel. 09447 92 00 93,
www.marktessing.de

4 Altmannstein

Die Marktgemeinde (6800 Einw.) liegt am einstigen Limes im landschaftlich schönen Schambachtal. Altmannsteins berühmteste Söhne sind der Rokokobildhauer Ignaz Günther (1725 bis 1775) und der Opernkomponist Simon Mayr (1763–1845) aus dem Ortsteil Mendorf.

SEHENSWERT
Unterhalb der **Burgruine Altmannstein** (urspr. 12. Jh.) stehen am **Kult-Ur-Hang** zeitgenössische Skulpturen und Ölmalereien zwischen Bäumen und Sträuchern. In der Ortsmitte bewahrt die **Heilig-Kreuz-Kirche** (1760–1764) ein Kruzifix von Ignaz Günther. Das **Ignaz-Günther-Museum** zeigt das künstlerische Schaffen des Bildhauers sowie seiner Familie (Ignaz-Günther-Gasse 1; Mai–Okt. So. 10.30–12.00 Uhr). Das **Marktmuseum** im Hoferhaus (17./18. Jh.), einem Jurahaus, beschäftigt sich mit Natur und (Kultur-)Geschichte der Region (z. B. Limes, Bajuwaren, Hopfenanbau) sowie dem Leben und Werk des Komponisten Simon Mayr (Mühlgasse 3; Mai–Sept. So. 10.30–12.00 Uhr). Beide Museen werden auch nach Vereinbarung geöffnet (Tel. 09446 9 02 10).

ERLEBEN
Im Ortsteil **Hexenagger** demonstriert unterhalb von Schloss Hexenagger die Waffen- und Hammerschmiede historische Schmiedetechniken. Der Hopfenerlebnishof (s. S. 54) liegt im Ortsteil **Tettwang**.
Von Hexenagger verläuft ein **Rundweg** im Wacholder- und Wolfstal (10 km, ca. 3 Std.), der idyllische **Schambachtalbahn-Radweg** (45 km) zwischen Ingolstadt und Riedenburg auf der ehem. Bahntrasse.

UMGEBUNG
In **Echendorf** (8 km nordöstl.) bietet der Erlebnisbauernhof mit Bauernhofmuseum Einblicke in die historische und moderne Landwirtschaft, dazu eine Stärkung im Brotzeitstüberl (www.ferienhof.net; April–Sept. tgl. 8.00–18.00 Uhr).

INFORMATION
Fremdenverkehrsamt, Marktplatz 4,
93336 Altmannstein, Tel. 09446 9 02 10,
www.altmannstein.de

5 Kelheim

Die Kreisstadt (15 600 Einw.) ist das touristische, kulturelle und wirtschaftliche Zentrum im Unteren Altmühltal. Kelheim unterhalb des einstigen keltischen Oppidums Alkimoennis war im 9. Jh. Sitz der Kelsgaugrafen und erhielt im 12. Jh. die Stadtrechte durch die Wittelsbacher Herzöge, die hier im 12./13. Jh. ihre Residenz besaßen.

SEHENSWERT
In der historischen **Altstadt** sind noch drei Stadttore (13., 14. Jh.) und Bauten aus der Renaissance erhalten. Das **Wittelsbacher Schloss** (Schlossweg 3) steht nahe dem Kai an der Donau. Die romanische **Michealskirche** (12./14. Jh.; Am Kirchensteig) besitzt Wandmalereien aus dem 13./14. Jh. Der hübsche Knotenpunkt der Altstadt ist der **Ludwigsplatz** mit dem Neuen Rathaus (16. Jh.), auf dem man mit Blick auf die **Befreiungshalle** (1842–1863) im Freien speisen kann. Von oben ist der Blick noch besser: Vom Donaukai fährt die **Ludwigsbahn** (www.ludwigsbahn-kelheim.de) im Stundentakt durch die Altstadt hinauf zur Befreiungshalle (Ende März–Anfang Okt. 10.10–17.50 Uhr, Okt. nur Sa., So., Fei.). Unterhalb des Michelsbergs liegen ein Abschnitt des Ludwig-Donau-Main-Kanals und der Alte Hafen, etwas außerhalb flussaufwärts am linken Donauufer das ehemalige **Franziskanerkloster Einsiedelei Klösterl** (1454) mit Felsenkapelle, Höhlen und Biergarten (Tel. 09441 174 51 51, www.kloesterl.info).

MUSEEN
Das **Archäologische Museum** präsentiert im gotischen Getreidekasten keltische Vergangen-

heit und Stadtgeschichte. Im frei zugänglichen Innenhof stehen Originalreste der Keltenmauer (Lederergasse 11, www.archaeologisches-museum-kelheim.de; Ende März–Anf. Nov. Di. bis So., Fei. 10.00–17.00 Uhr). Hier beginnt die Route durch den **Archäologiepark Altmühltal** (siehe „Ja, natürlich“ rechts).
Das **Orgelmuseum** (Am Kirchensteig 4, www.orgelmuseum-kelheim.de; April–Okt. Di.–So. 14.00–17.00 Uhr) hat seinen Sitz in der Klosterkirche (15. Jh.) des ehemaligen Franziskanerklosters.

ERLEBEN

Schwimmen, Rutschen, Planschen, drinnen und draußen, dazu Wellness und Sauna bietet das **Erlebnisbad Keldorado** (Rennweg 60, www.keldorado-kelheim.de; Ende Sept.–Anf. Mai tgl. 9.00–21.00, sonst bis 20.30 Uhr).
Von den Kais an der Donau und vom Main-Donau-Kanal fahren **Ausflugsschiffe** nach Weltenburg bzw. Riedenburg (www.schifffahrt-kelheim.de).
Zwischen Kelheim und dem Ortsteil Weltenburg liegt die **Weltenburger Enge** TOPZIEL. Durch das Naturschutzgebiet mit Wäldern, Felsen, Wasser und seltenen Tieren wie Wanderfalke und Uhu führen von Kelheim elf (Rund-) Wanderwege (Broschüre auch zum Downloaden bei der Tourist-Info). Am Eingang der Enge lädt **Kloster Weltenburg** in den Biergarten ein (www.klosterschenke-weltenburg.de). Zur Abtei (s. S. 106) gehören Klosterladen, Brauerei (s. S. 54), Gästehaus, Akademie sowie die Barockkirche St. Georg (www.kloster-weltenburg.de, Gottesdienste mehrmals tgl. ab 7.00, So. ab 6.45 Uhr).

HOTEL

Im €€ **Turmhotel zum Erasmus** übernachtet man in mittelalterlichen Stadttürmen; mit Sauna, Dachterrasse und Garten (Matthias-Kraus-Gasse 35–37, Tel. 09441 74 63 05, www.turmhotel-erasmus.de).

VERANSTALTUNGEN

Lohnend sind das **Stadthafenfest** mit Fischerstechen in ungeraden Jahren und das Volksfest **Donau-Wies'n** im Aug.

UMGEBUNG

In **Bad Gögging** (16 km südwestl.) wartet die Limes-Therme (s. S. 23) auf Besucher. In der romanischen ehem. Kirche St. Andreas widmet sich das Römische Museum für Kur- und Badewesen (März–Okt. Di.–Sa. 16.00–17.00, So., Fei. 10.30–11.30 Uhr, sonst nur Sa., So.) dem hier ausgegrabenen ältesten römischen Heilbad Bayerns.
Im nahen **Eining** liegen die Reste eines Römerkastells (Abusinastr. 16, www.bad-goegging.de). Dort wird im Aug. mit dem „Salve Abusina“ Bayerns größtes Römerfest gefeiert (www.abusina.com, s. S. 115).

INFORMATION

Tourist-Information, Ludwigsplatz 16, 93309 Kelheim, Tel. 09441 70 12 34, www.kelheim.de

NEANDERTALER UND KELTEN

Beim Bau des Main-Donau-Kanals wurden zahllose Relikte aus vergangenen Jahrtausenden gefunden. Im Archäologiepark Altmühltal kann man sie von Kelheim bis Dietfurt entdecken und auf unterhaltsame Weise in schöner Landschaft auf eine Zeitreise bis zurück in die Eiszeit gehen.

Entlang der 39 Kilometer langen, gut ausgeschilderten Route liegen 18 jederzeit kostenfrei zugängliche Stationen mit 15 Teilrekonstruktionen, die sich am schönsten mit dem Fahrrad erkunden lassen. An der Station Oberhofen wurden die Überreste eines rund 2500 Jahre alten Herrenhofs aus der Hallstattzeit gefunden und die Gebäude nach dem Vorbild der frühkeltischen Siedlung von Oberhofen rekonstruiert.

Unterwegs erfährt man, wie die Menschen im Altmühltal in der Eiszeit vor 50 000 Jahren Mammuts jagten und Siedlungen anlegten. An Hörpunkten lauscht man auf Knopfdruck den spannenden Geschichten über den Alltag unserer frühen Vorfahren, die

Der Archäologiepark Altmühltal umfasst mehrere Orte. Bei Oberhofen (Station 13) veranschaulichen rekonstruierte Häuser, wie die Kelten lebten.

der Autor Ernst Wilhelm Heine vorliest. Um das Ganze im wahrsten Sinne des Wortes begreifbarer zu machen, lassen abwechslungsreiche Veranstaltungen Archäologie erleben, sei es beim Bronzeschmieden, keltischen Weben oder als „Steinzeit-Picasso“ im Malworkshop für Kinder.

Länge und Verlauf: 39 km; Station 1 liegt am Archäologischen Museum in Kelheim, Station 18 am Erlebnisdorf Alcmona. Die Strecke verläuft vor allem entlang des Altmühltalradwegs (s. S. 41); die einzelnen Stationen sind per Rad, zu Fuß und meist auch mit dem Auto erreichbar.

Flyer zu Stationen und Veranstaltungen: Tourist-Informationen und www.dietfurt.de/archaeologiepars-altmuehltal

Die stimmungsvollsten Feste

FEIERN MIT FLAIR

Theater, Musik, gutes Essen, süffiges Bier – Lebensqualität wird großgeschrieben im Altmühltal. Deshalb ist der Festkalender während des ganzen Jahres gut gefüllt. Ob Römer, Ritter oder Rokoko, besonders beliebt sind die Feste, die Besucher stilvoll und beschwingt auf eine kleine Zeitreise entführen.

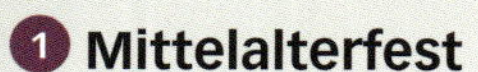

1 Mittelalterfest

Jedes Jahr im Mai heißt die Burg Hilpoltstein „Ritter, Barden, Beutelschneider" beim dreitägigen Mittelalterfest willkommen, stilecht mit Turnieren, Märchenerzählern, mittelalterlicher Musik, einem Markt und großem Lagerleben der Ritter und Landsknechte. Zu sehen sind neben Feuerschluckern und Schwertkämpfern auch viele alte Handwerkskünste vom Waffenschmieden über Ledermachen bis zum Weben.

Tourist-Information Hilpoltstein, s S. 59, www.hilpoltstein.de/mittelalterfest

2 Rokoko-Festspiele

Nach einer Pause geht es 2025 wieder los: Alljährlich am ersten Juli-Wochenende erstrahlt Ansbach bei den Rokoko-Festspielen im höfischen Glanz des 18. Jahrhunderts, samt gepuderten Perücken, Reifröcken und barocken Tänzen. Zum Maskenfest vor der imposanten Kulisse der Orangerie im Hofgarten gehört ein Barockfeuerwerk. Auch in der Altstadt sind nicht nur Hofdamen und feine Herren, sondern auch Gaukler unterwegs.

Amt für Kultur und Tourismus, Ansbach, s. S. 112; Karten online: www.reservix.de

3 Schlossfest

Im Juni und Juli 2025 ist es wieder so weit: Alle zwei Jahre begibt sich Neuburg an der Donau beim Schlossfest auf eine Zeitreise in die Renaissance. Vor der malerischen Kulisse der Altstadt findet ein Jahrmarkt samt Gauklern und Fahnenschwingern statt. Höhepunkte sind der Steckenreitertanz im Schlosshof, der Festumzug in historischen Kostümen, die Reiterspiele im Marstallhof und das Feuerwerk über der Donau.

Verkehrsverein Freunde der Stadt Neuburg e. V., In der Münz A 36, 86633 Neuburg, Tel. 08431 4 70 16, www.verkehrsverein-neuburg.de, www.schlossfest.de

6

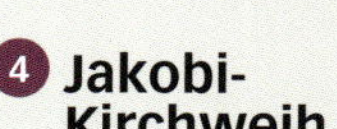

4 Jakobi-Kirchweih

Alljährlich im Juli feiern die Oettinger die Jakobi-Kirchweih mit Fahrgeschäften, Bierzelt und Unterhaltungsprogramm. Höhepunkte sind das Wasserfest mit Feuerwerk und Bootskorso auf der Wörnitz sowie das Fischerstechen, das keinesfalls bierernst genommen wird: Punkte kann hier auch ergattern, wer samt Dirndl besonders schräg ins Wasser springt. Humorvoll wird's zum Abschluss beim Kabarett im Zelt.

Tourist-Information Oettingen i. Bay., s. S. 74

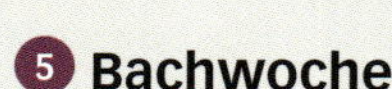

5 Bachwoche

Eine Woche hat zehn Tage – das gilt zumindest für die Bachwoche in Ansbach. Das international renommierte Festival füllt die barocken Säle und großen Kirchen der Stadt in ungeraden Jahren im Juli/August mit Musik von Bach und anderen Komponisten. Unter dem Motto „Ansbach klingt" wird nach dem Mittagsläuten zudem in den Straßen der Altstadt musiziert.

Bachwoche Ansbach, Brauhausstr. 15, 91522 Ansbach, Tel. 0981 1 50 37, www.bachwoche.de

4

9

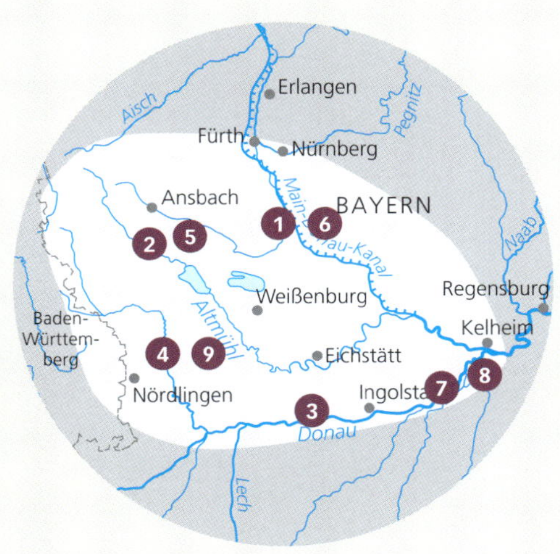

4

6 Burgspiel und Burgfest

Dramen und Komödien: Jedes Jahr ab Mitte Juli führt das Hilpoltsteiner Burgspiel-Ensemble ein ausgewähltes Stück auf der Freiluftbühne vor der malerischen Kulisse der Burg auf. Gespielt wird traditionell bis zum ersten Augustwochenende, wenn ganz Hilpoltstein beim großen Burgfest mit historischen Umzügen, Festzelt und großem Unterhaltungsprogramm feiert.

Tourist-Information Hilpoltstein, s. S. 59, www.hilpoltstein.de/burgspiel

7 Salve Abusina

Im August erwacht das ehemalige römische Grenzkastell Abusina bei Bad Gögging zum Leben. Bei Bayerns größtem Römerfest können Besucher hautnah römischen Alltag wie vor 2000 Jahren erleben, samt Küche, Musik, Mode und Götterwelt. Wer will, kann ein Gladiatorentraining absolvieren. Ein paar Germanen schauen auch immer vorbei.

Tourist Information, Heiligenstädter Str. 5, 93333 Bad Gögging, Tel. 0800 46 34 44 64, www.bad-goegging.de/roemerfest-bayern

8 Gillamoos

Bis ins Jahr 1313 reicht die Geschichte des Gillamoos zurück, der alljährlich von Donnerstag bis Montag um den ersten Sonntag im September in Abensberg stattfindet. „Das Fest der Hallertau" ist einer der größten und ältesten Jahrmärkte Bayerns, auf dem beim Vieh- und Warenmarkt heftig gefeilscht wird. Gefeiert wird in vier Festzelten, auf dem Oidn Gillamoos, im Weißbierstadl und im Weinzelt mit Musik, niederbayerischen Schmankerln und hervorragendem Bier (oder Wein). Auf der Festwiese kann man sich von Fahrgeschäften durchrütteln lassen. Höhepunkte sind der Holzsägewettbewerb, die Krönung der Dirndlkönigin – und die deftigen Reden der Politiker sämtlicher Couleur am 5. und letzten Tag des Festes. Nicht umsonst gilt der Gillamoos auch als der größte Stammtisch der Republik.

Touristinformation, Dollingerstr. 18, 93326 Abensberg, Tel. 09443 91 03 59, www.abensberg.de/gillamoos

9 Weihnachtsmarkt

Glühweinduft, Lichterglanz, geschmückte Marktstände mit schönem Kunsthandwerk, eine lebende Krippe und ein Posaunenchor – in der Adventszeit zeigt sich das mittelalterliche Nördlingen auf dem Weihnachtsmarkt von seiner ganz besonders romantischen Seite. Zur fröhlich-festlichen Stimmung trägt das bunte Musikprogramm mit Adventskonzerten und Sternsingern bei.

Tourist-Information Nördlingen, s. S. 74

HILFREICH & NÜTZLICH

Auf den folgenden Seiten haben wir Wissenswertes und wichtige Informationen für Ihren Urlaub im Altmühltal zusammengestellt.

Franken ist Bratwurstland. Die deftige Spezialiät kommt gern mit Sauerkraut auf den Teller.

Anreise/Nahverkehr

Auto: Von Norden über die A 7, Ausfahrt Rothenburg, nach Rothenburg ob der Tauber oder über die Ausfahrt Bad Windsheim ins Obere Altmühltal. Das Mittlere Altmühltal und das Fränkische Seenland sind über die A 6 gut zu erreichen (Ausfahrten Aurach, Ansbach, Lichtenau). Auf der A 9 sind die Ausfahrten Allersberg, Hilpoltstein, Greding, Altmühltal und Denkendorf ideal für den mittleren und unteren Teil der Altmühl.
Bahn: Ansbach ist ans IC-Netz angeschlossen. Gunzenhausen, Treuchtlingen, Eichstätt, Saal bei Kelheim und Kinding sind mit Regionalbahnen zu erreichen (www.bahn.de; www.bayern-fahrplan.de).
Bus: Von Anfang Mai bis Anfang Okt. verkehren Sa., So., Fei. Freizeitbusse mit Fahrradanhänger der Linie 6010 entlang Altmühl und Donau von Dollnstein bis Kelheim, auf der Linie 6030 von Kelheim über Neustadt an der Donau nach Abensberg (Voranmeldung von Gruppen unter Tel. 09441 2 07 35 25 oder 0800 3 33 83 83, www.freizeitbusse.de).
Die Freizeitbusse mit Fahrradanhänger des Verkehrsverbunds Nürnberg (VGN, www.vgn.de) verkehren von Anfang Mai bis Anfang Nov. Sa., So., Fei. (Kanal-Altmühl-Express Linie 515 zwischen Neumarkt und Dietfurt, Gredl-Express Linie 636 zwischen Hilpoltstein und Greding). Der VGN bedient auch das Fränkische Seenland und die Landkreise Weißenburg-Gunzenhausen, Roth und Ansbach. Alle Fahrpläne auf www.bayern-fahrplan.de.
Schiff: Im Unteren Altmühltal verkehren von Mitte März bis Anfang Nov. Personenschiffe auf der Donau von Kelheim bis Kloster Weltenburg und von Anfang Mai bis Anfang Okt. auf der Altmühl bis Riedenburg (www.schifffahrt-kelheim.de). Die Mitnahme von Fahrrädern ist kostenlos. Im Fränkischen Seenland fahren von April bis Nov. tgl. Ausflugsschiffe auf dem Altmühlsee (www.altmuehlsee.de) und Großen Brombachsee (www.msbrombachsee.com).

Auskunft

Tourist-Information Romantisches Franken und Naturpark Frankenhöhe: Am Kirchberg 4, 91598 Colmberg, Tel. 09803 9 41 41, www.romantisches-franken.de, www.naturpark-frankenhoehe.de
Tourismusverband Naturpark Altmühltal: Notre Dame 1, 85072 Eichstätt, Tel. 08421 9 87 60, www.naturpark-altmuehltal.de
Tourismusverband Fränkisches Seenland: Hafnermarkt 13, 91710 Gunzenhausen, Tel. 09831 50 01 20, www.fraenkisches-seenland.de
Ferienland Donau-Ries e. V.: Pflegstr. 2, 86609 Donauwörth, Tel. 0906 7 42 11, www.ferienland-donau-ries.de
Infozentrum Nördlingen: Eugene-Shoemaker-Platz 3, 86720 Nördlingen, Tel. 09081 2 73 82 20, www.geopark-ries.de

Ermäßigungen

Mit der **Altmühl-Donau-Card** (14,90 €) genießt man in 500 Freizeitanlagen, Restaurants und Geschäften im Landkreis Kelheim, im Naturpark Altmühltal sowie im Bayerischen und Oberpfälzer Wald Vorteile. Man erhält die Card beim Tourismusverband im Landkreis Kelheim e. V. (Donaupark 13, 93309 Kelheim, www.tourismus-landkreis-kelheim.de) und bei allen Tourist-Informationen im Landkreis Kelheim sowie über den Tourismusverband Naturpark Altmühltal in Eichstätt, bei Vorlage der Kurkarte kostenlos in der Tourist-Information Bad Gögging und bei vielen Vermietern kostenlos ab einem Aufenthalt von zwei Nächten.

Essen und Trinken

Die **fränkische und bayerische Küche** kennt viele Fleischgerichte, doch auch Vegetarier kommen in den Wirtshäusern und Restaurants der Region nicht zu kurz. Besonders viel Wert auf heimische Produkte und Spezialitäten legen die bayerischen „Genussorte" Ansbach, Abensberg, Burgbernheim, Nördlingen, Plankstetten, Rothenburg ob der Tauber und Spalt (www.100genussorte.bayern).
Eine Spezialität der fränkischen Küche sind **Bratwürste**. Die Bratwürste der Region sind aber größer als die Nürnberger, bestehen aus fein gehacktem Schweinefleisch und werden mit Salz, Pfeffer, Majoran und weiteren Gewürzen abgeschmeckt. In Ansbach wurde schon 1430 im Stadtbuch festgehalten, dass „drey protwurst ein pfunt wegen" und Majoran enthalten sollen. Bratwürste werden entweder knusprig gebraten, dazu isst man Sauerkraut und Schwarzbrot oder auch Schupfnudeln. Oder man lässt sie in heißem Wein- oder Essigsud als „Saure Zipfel" oder „Blaue Zipfel" ziehen, dann werden sie gern mit Zwiebeln und Schwarzbrot serviert. In Ansbach heißen geräucherte Bratwürste „Schlotengeli", beim „Katzbrot" wird das Bratwurstbrät auf eine Scheibe Schwarzbrot gestrichen und mit rohen Zwiebelringen und Paprikapulver oder Pfeffer verfeinert. Besonders dicke Bratwürste sind die „Gschwollnen"; als „Nackerte" werden sie ohne Haut zubereitet.
Das exzellente Fleisch des **Altmühltaler Lamms** stammt von den Schafherden der Wacholderheiden. Nur ausgesuchte Lokale mit einem grünen „Q" servieren es (www.naturpark-altmuehltal.de/lamm).
Schwein wird gern als „Schäuferla" aus der Schulter und mit knuspriger Schwarte zubereitet, dazu **Klöße** oder auch Kartoffelsalat, Sauerkraut, Blaukraut oder Weißkrautsalat.
Für den beliebten **Wurstsalat** werden Scheiben oder Streifen aus Brühwurst, z. B. Lyoner oder Regensburger, mit Essig, Öl und Zwiebeln angemacht. Beim Schweizer Wurstsalat kommen noch Käsestückchen hinzu.
In ganz Bayern verbreitet ist die **Brotzeit**, eine Zwischen- oder auch Hauptmahlzeit aus einer Wurst- und Käseauswahl, in der Regel mit Schwarzbrot und Butter.
In den Monaten mit r kommen vor allem in Franken **Karpfen** auf den Tisch, am bekanntesten die Spiegelkarpfen aus dem Aischgrund. Traditionell wird Karpfen in Hälften gebacken und mit Kartoffelsalat gereicht. Nur wenn die Fische ganz frisch sind, verbiegen sie sich beim Backen zu einem Bogen – so soll es sein.
Vor allem im Oberen Altmühltal und im Fränkischen Seenland wird **Obst** angebaut und zu

Preiskategorien

€€€€	Hauptspeisen	über 20 €
€€€	Hauptspeisen	15–20 €
€€	Hauptspeisen	10–15 €
€	Hauptspeisen	5–10 €

Donaufischer Lothar Ziegler präsentiert stolz seinen Fang.

Marmeladen, Schnaps, Wein und Sonstigem verarbeitet. **Kraut** wird hauptsächlich um Merkendorf, insbesondere rund um Abensberg, kultiviert. Südlich von Neuburg an der Donau, im Schrobenhauser Land, wird **Spargel** gezogen. **Hopfen** aus dem Spalter Land und der Hallertau wird auch als delikate, nussig-süßliche Hopfensprossen im Salat, als Cremesuppe oder Rahmgemüse serviert.
Rund ums **Bier** siehe S. 52.

Sport

Wandern: Zum Wandern ist das Altmühltal mit rund 3000 km Wanderwegen perfekt. Zu den Highlights gehört der Altmühltal-Panoramaweg von Gunzenhausen bis Kelheim (200 km; www.altmuehltalpanoramaweg.de). Jakobswege führen nach Rothenburg ob der Tauber und Eichstätt, der Ostbayerische Jakobsweg (148 km; www.jakobus-gesellschaften.de) kreuzt den südlichen, der Frankenweg (520 km; www.frankenweg.de) den westlichen und nördlichen Teil der Region. Der Nürnberg-Altmühltal-Weg (80 km) verläuft von Norden her über Thalmässing bis nach Kinding an die Altmühl hinab, der Main-Donau-Weg von Höchstadt an der Aisch bis Neuburg an der Donau (231 km; www.fraenkischer-albverein.de). Der Limeswanderweg führt von Gunzenhausen bis Bad Gögging (www.limeswanderweg.info), der Urdonautalsteig (69 km; www.naturpark-altmuehltal.de) durch das Wellheimer Trockental.
Radfahren: Die Region ist mit gut 900 km ausgeschilderten Radwegen fürs Radeln ideal. Der Klassiker ist der Altmühltalradweg (s. S. 41). Durch den Geopark Ries führt der Radweg Von Krater zu Krater (s. S. 75). Der Limes-Radweg (97 km) verläuft als Teil des Deutschen Limes-Radwegs (800 km) von Gunzenhausen nach Kelheim. Von Roth bis Rothenburg führt der Fränkische WasserRadweg (460 km) zu einem großen Teil durch das Fränkische Seenland und den Naturpark Altmühltal.
Die gesamte Region ist im gemeinsamen **Stromtreter-Projekt für E-Bikes** mit Touren, Lade- und Verleihstationen sowie Reparaturwerkstätten hervorragend erschlossen (www.stromtreter.de).
Wassersport aller Art wird im Fränkischen Seenland geboten. In vielen Ortschaften gibt es zudem Frei- und/oder Hallenbäder.
Die Altmühl ist dank ihrer langsamen Fließgeschwindigkeit ideal zum Bootswandern und Kanu- oder Kajakfahren. Der 35 km lange Abschnitt auf dem Main-Donau-Kanal von Töging bis Kelheim ist allerdings nur etwas für Geübte. Die beste Infrastruktur mit zahlreichen Rastplätzen, Zeltmöglichkeiten und Campingplätzen sowie Bootsverleihern bietet die Altmühl zwischen Treuchtlingen und Töging. Unterwegs findet man viele Ein- und Ausstiegsstellen.
Im Hochsommer empfiehlt sich, vor einer Tour beim Informationszentrum Altmühltal den Wasserstand abzufragen sowie Zimmer und Boote zu reservieren. Dort kann man auch Pauschaltouren buchen und erfahren, welche Regeln der Natur zuliebe auf der Altmühl unbedingt eingehalten werden sollten. Dazu gehört, die Altwässer nicht zu befahren, Abstand zu Schilf- und Uferzonen zu halten und Boote nur an den ausgeschilderten Stellen einzusetzen bzw. aus dem Wasser zu holen.
Angeln: Wer angeln möchte, braucht einen **staatlichen Fischereischein** (die Scheine anderer Bundesländer sind gültig) und für jedes Gewässer einen **Erlaubnisschein**, zu haben bei Tourist-Infos, Fischereivereinen, Angelgeschäften, Gaststätten und Tankstellen.
Klettern: Mit Routen der Schwierigkeitsgrade III bis XI ist das Altmühltal ein hervorragendes Kletterrevier. Bekannte Gebiete sind Konstein/Aicha (südl. Dollnstein), Dollnstein und Prunn/Essing. Eine Broschüre zum Thema Klettern kann man unter www.naturpark-altmuehltal.de herunterladen. Nähere Informationen erteilt der Deutsche Alpenverein unter www.felsinfo.alpenverein.de (Region Südlicher Frankenjura).
Hochseilgärten gibt es bei Kelheim (http://hochseilgarten-kelheim.de), im Altmühltaler Abenteuerpark in Beilngries (www.altmuehltaler-abenteuer park.de) und am Iglsbachsee (www.enderndorf.abenteuer-wald.com).
Golfplätze finden sich in Colmberg (www.golf-ansbach.de), Beilngries (www.altmuehlgolf-beilngries.de), Abenberg (www.golfclub

Info

Daten & Fakten

Landesnatur: Die Region beginnt in Rothenburg ob der Tauber im Westen, die südliche Begrenzung bildet die Donau. Nördlich davon liegen die Schwäbische und die Fränkische Alb mit Höhen von 500 bis 600 m, dazwischen der Rieskrater mit etwa 25 km Durchmesser. Die Altmühl entspringt auf der Frankenhöhe in rund 460 m Höhe, schlängelt sich durch das Fränkische Seenland und die Fränkische Alb bis Dollnstein und fließt bei Dietfurt in den Main-Donau-Kanal, der in Kelheim in die Donau mündet. Durch die Region zieht sich die Europäische Wasserscheide Nordsee–Schwarzes Meer über die Frankenhöhe, durch die Scheitelhöhe des Main-Donau-Kanals und über die Fränkische Alb.
Von ihrer Quelle bis Ansbach durchfließt die Altmühl den ca. 1100 km² großen Naturpark Frankenhöhe, ein sonnenreiches Gebiet mit Mischwäldern und Streuobstwiesen. Ab Gunzenhausen durchquert sie den 2967 km² großen Naturpark Altmühltal, der in Nord-Süd-Richtung einen Großteil der Fränkischen Alb umfasst und sich in West-Ost-Richtung zwischen den Großräumen Nürnberg und Regensburg erstreckt. Rund die Hälfte ist mit Mischwäldern bewachsen; charakteristisch sind Felsformationen, Karsthöhlen, Feuchtwiesen, Wacholderheiden und Trockenrasen.
Bevölkerung: Der Großteil des Gebiets liegt in Mittelfranken, das auf 7245 km² ca. 1,8 Mio. Einwohner zählt (250/km²). Zum Vergleich: Bayern gesamt ca. 13,4 Mio. auf 70 550 km², also 190/km². Die hohe Bevölkerungsdichte erklärt sich durch den Großraum Nürnberg; die Frankenhöhe und das Fränkische Seenland sind dünner besiedelt. Der 1214 km² große Landkreis Eichstätt hat 136 000 Einwohner (112/km²).
Wirtschaft: Die Region ist ländlich geprägt, ein großer Wirtschaftsfaktor ist der Tourismus. Neben Tagesbesuchern zählen das Fränkische Seenland jährlich knapp 1,3 Mio. und der Naturpark Altmühltal ca. 1,4 Mio. Übernachtungen. Die Region profitiert von den Wirtschaftsräumen München–Ingolstadt, Nürnberg, Regensburg und Augsburg. Neben der Faserindustrie in Kelheim sind weitere Standbeine Metallbearbeitung, Natursteinindustrie, Kunsthandwerk und Brauereibetrieb.

Info

Geschichte

Vor 15 Mio. Jahren: Durch einen Meteoriteneinschlag entsteht das Nördlinger Ries.
Vor ca. 13 000 Jahren: In der Großen Ofnethöhle werden 33 Menschen bestattet.
8.–1. Jh. v. Chr.: Kelten errichten um 750 bis 450 v. Chr. Wallsysteme auf dem Ipf bei Bopfingen, im 3.–1. Jh. v. Chr. das Oppidum Alkimoennis auf dem Michelsberg bei Kelheim.
1.–3. Jh. n. Chr.: Römische Ära. Unter Kaiser Domitian (86–96) Baubeginn des Limes, Kastelle in Weißenburg und Pfünz.
4.–7. Jh.: Im westlichen Teil des Gebiets lassen sich Franken nieder, im östlichen (ab Beilngries) Bajuwaren.
617: Gründung des Klosters Weltenburg
Um 745: Gründung des Bistums Eichstätt
793: Bau des Kanals Fossa Carolina zwischen Altmühl und Schwäbischer Rezat
1305: Bistum Eichstätt besitzt ein geschlossenes Territorium an der mittleren Altmühl.
1331: Hohenzollern regieren das Fürstentum Ansbach bzw. Markgraftum Brandenburg-Ansbach bis 1791/92.
1525: Schwäbisch-fränkischer Bauernkrieg. Die Reformation findet viele Anhänger.
1618–1648: Dreißigjähriger Krieg. Zerstörungen und Bevölkerungsdezimierung in weiten Landesteilen.
1806: Das Königreich Bayern erhält nach dem Wiener Kongress Franken.
1833: Im Hofgarten von Ansbach wird Kaspar Hauser erstochen.
1846: König Ludwig I. eröffnet den Ludwig-Main-Donau-Kanal („Alter Kanal"). Er verbindet auf 172 km Donau und Main. Durch die Industrialisierung wird Franken zum wirtschaftlichen Motor Bayerns.
1861: Bei Solnhofen wird das erste vollständige Skelett eines Archaeopteryx gefunden.
1933–1945: Die jüdischen Bürger aus der Region werden vertrieben oder ermordet.
1969: Naturpark Altmühltal gegründet
1974: Naturpark Frankenhöhe gegründet
1989: Gründung der Uni Eichstätt-Ingolstadt
1992: Der letzte Abschnitt des Main-Donau-Kanals bei Beilngries wird geflutet.
2000: Das Wasserwirtschaftsprojekt Fränkisches Seenland ist abgeschlossen.
2005: Der Obergermanisch-Raetische Limes wird zum UNESCO-Weltkulturerbe ernannt.
2009: Bei Kelheim wird das am besten erhaltene Saurierskelett Europas gefunden.
2023: Die International Union of Geological Sciences nimmt die Fundstätte des Archaeopteryx in die Liste der 100 bedeutendsten Geotope der Welt auf.

abenberg.de) und auf Gut Lederstatt nahe Harburg (www.gc-donauwoerth.de).

Unterkunft

Hotels: Abgesehen von Städten überwiegen in der Region einfache und Mittelklassehotels sowie Unterkünfte in Gasthöfen. Vor allem in Eichstätt, Kelheim und im Fränkischen Seenland verwöhnen auch einige Wellnesshotels. „Zu Gast im Denkmal" ist man im Naturpark Altmühltal in besonders stimmungsvollen historischen Unterkünften (www.naturpark-altmuehltal.de).
Auf den Infoseiten finden Sie eine Auswahl an Hotels.
Camping: Die gesamte Region ist mit Campingplätzen (www.camping-in-bayern.info) und Stellplätzen für Wohnmobile (www.stellplatz.info) sehr gut ausgestattet.
Jugendherbergen gibt es in Eichstätt, Gunzenhausen, Kelheim und Rothenburg ob der Tauber (www.bayern.jugendherberge.de).

Preiskategorien

€ € €	Doppelzimmer	über 150 €
€ €	Doppelzimmer	100 – 150 €
€	Doppelzimmer	50 – 100 €

Ein Archaeopteryx wird es nicht gleich sein, aber mit viel Geduld und etwas Glück können auch Laien im Hobbysteinbruch Solnhofen beeindruckende Fossilien finden.

Urlaub erinnern...

Jeder Urlaub geht einmal zu Ende. Was bleibt, sind die Mitbringsel, aber auch Erinnerungen an Land und Leute, an Aromen und Düfte – und manche Kuriosität.

GEHT AUCH ZU HAUSE

Auf der Vogelinsel im Altmühlsee hat man die Gelegenheit, eine große Vielfalt an Vogelarten zu beobachten. Das Gebiet hat mich so beeindruckt, dass ich mittlerweile überall Ausschau nach Vögeln halte und sogar mitten in der Stadt immer mehr Arten entdecke.

STEINREICH

Zwar ist das Altmühltal eine unglaubliche Fundgrube für Fossilien, aber im Besuchersteinbruch selber danach zu klopfen, klappt nicht immer. Zum Glück gibt's Läden, die Fossilien verkaufen. Der klassische Jurastein ist ein schöner Dekoartikel und auch perfekt als Untersetzer geeignet. Die hübschen Souvenirs bekommt man in Beilngries bei Metz & Stelzle (https://deinfuetzl.de).

LONELY GEORGE'S VERWANDTSCHAFT

Lonely George ist einfach rührend. Seit gut 30 Jahren kommt die Fledermaus alljährlich in die Tropfsteinhöhle Schulerloch bei Essing. Eine einsame Große Hufeisennase, die man für die letzte ihrer Art hielt – bis man rund 50 Kilometer entfernt die Verwandtschaft in Hohenburg entdeckte. In ihrem betreuten Fledermaushaus sorgt eine Webcam für Fledermaus-Reality-TV in ganz Deutschland – und ich schau gerne zu, wie sich alle Großen Hufeisennasen an der Decke hängend aneinanderkuscheln (www.lbv.de).

SPORTLICHES NEULAND

Versprochen: Wenn ich das nächste Mal im Fränkischen Seenland unterwegs bin, dann werde ich übers Wasser laufen! Wo? Am Altmühlsee. Dort vermietet das Seezentrum Wald Kajaks und SUPs – und veranstaltet Aqua Zorbing: In durchsichtigen PVC-Kugeln kann man wie der Hamster im Rad über den See marschieren. Macht riesig Spaß, ist aber gar nicht so einfach (www.belebnisse.de).

MUSIK VON GLUCK UND CO.

In Berching habe ich die Musik von Christoph Willibald Gluck für mich entdeckt. Seitdem höre ich wieder mehr klassische Werke – und genieße es in vollen Zügen. Zum Glück ist das überall möglich, nicht nur unterwegs im Altmühltal.

KUNSTWERKE AUS FILZ

Das Altmühltal ist berühmt für seine Schafwirtschaft, naturgemäß fällt damit auch Wolle zum Verarbeiten an. Besonders gut gefällt mir das moderne Filzdesign, auf das Carola Langscheid und Dunja Bauer-Knopp spezialisiert sind. In ihrem Atelier Zwirn & Zwille in Eichstätt fertigen sie geschmack- und kunstvolle Kreationen als Unikate oder in Kleinserie an. Wer will, kann auch Designs in Auftrag geben (www.zwirnundzwille.de).

»EINE SCHÖNE GARTENWIRTSCHAFT, PERLENDES BIER MIT SCHAUMKRONE, DAS IM SONNENLICHT GOLDEN LEUCHTET. FÜR MICH ENTSPANNUNG À LA ALTMÜHLTAL.«

Barbara Rusch, Autorin

OBST- UND KRÄUTERAROMEN

Auf den Wochenmärkten im Altmühltal stapeln sich die heimischen Obstsorten, und auch viele Kräuter gehören zum Angebot. Um mich das ganze Jahr an das aromatische Sommerfeeling zu erinnern, hole ich mir zum Beispiel die Essige, Liköre und Sirups aus Brigitte Zinsmeisters Kräutermanufaktur auf den Tisch (www.kraeutertreff.de).

GREEN FÜR ALLE

Keine Platzreife, keine teure Ausrüstung, und mitmachen darf jeder: Swingolfen ist quasi „Volksgolfen" und für jeden erschwinglich. Bei Freizeit & Sport in Paulushofen geht es nach kurzer Einführung direkt auf den 18-Loch-Platz, auch als ausgesprochener Nicht-Golfer. Eine völlig unversnobte Riesengaudi. Seitdem kann ich auch den Spaß am „richtigen" Golfen besser nachvollziehen (www.freizeitsport-paulushofen.de).

WACHOLDERWÜRZIG

Meine Großmutter hatte stets Wacholderbeeren in der Schürzentasche, die sie als Würze verwendete und als Heilmittel gegen allerlei Zipperlein kaute. Im Gegensatz zu allen anderen Teilen der Sträucher darf man die schwarzblauen Beeren pflücken. In meinem Gewürzschrank haben Wacholderbeeren einen festen Platz. Mit ihrem Aroma erinnern sie mich an Oma und an sonnige, duftende Tage im Altmühltal. Funktioniert auch in Form von Gin aus dem Nördlinger Ries oder mit Wacholderlikör.

AUSBLICKE

Auch das verbinde ich mit dem Altmühltal und mit schönen Erinnerungen: Immer wieder der Blick von markanten Felsen und uralten Burgen ins Flusstal. Ich fühle mich dann über die Zeit hinweg sofort mit den Menschen verbunden, die hier vor Hunderten und Tausenden Jahren über die Landschaft schauten. Zum Glück kann ich meinem Drang zu Plätzen mit Aussicht auch andernorts nachgehen – aber im Altmühltal nun mal besonders gut.

REGISTER

Fette Ziffern verweisen auf Abbildungen.

A

Abendberg 58
Abensberg **5, 55,** 58
Absberg 58
Aichkirchen **107,** 111
Altmannstein 52, 112
Altmühlsee **46,** 46, 57, **57**, **58**
Altmühltalradweg 41, 46
Ansbach **4, 25, 31,** 31, 32, **33, 36,** 36, **37, 40,** 40
Archäologiepark Altmühltal 113

B

Bad Gögging 23, 113, 115
Beilngries 52, **86,** 87, 94, 95
Berching **20/21,** 23, 87, 95
Bopfingen 65, 67, 74
Brombachsee, Großer **34, 43,** 43, **46,** 46, **57**, 58
Burg Abenberg 49
Burgbernheim 29, **30,** 31, 40
Burg Colmberg **30,** 31
Burg Prunn **112,** 112
Burg Wülzburg **78**

C

Colmberg 41

D

Denkendorf **81, 94,** 95
Dietfurt 22, **41, 98, 99, 109, 111,** 111
Dinosaurier Museum 82, **94,** 95
Dixenhausen 95
Dollnstein **16/17,** 71, 95

E

Echendorf 112
Eckersmühlen **59**
Eggersberg **8/9, 98**
Eichstätt **7, 10/11,** 23, 34, **35, 36,** 36, **77, 82, 83, 84,** 85, **94,** 94, 95
Eining **4,** 113
Ellingen 79
Erlebnisdorf Alcmona 111
Essing 70, **97, 102, 105, 112,** 112, **121**

G

Geopark Ries 74
Georgensgmünd 58
Greding 95
Gungolding 95
Gungoldinger Wacholderheide **7,** 95
Gunzenhausen 46, **48, 49,** 49, 58

H

Harburg **68,** 69, 73
Heglau 57
Herrieden **28, 29,** 31, 40
Hexenagger 112
Hilpoltstein **50,** 50, **51,** 59
Hornau **30**

I

Ipf 65, **71, 75**

K

Kalbensteinberg 58
Kelheim 34, **54,** 54, **100, 102, 104,** 112, 113
Kinding 52, 95
Kipfenberg 95
Klösterl 112
Kloster Weltenburg s. Weltenburg
Konstein 94

L

Leutershausen 31, 41
Limeseum 58
Ludwig-Donau-Main-Kanal **85,** 87

M

Maihingen 74
Meinheim **70**
Merkendorf 57
Mörnsheim 81

N

Neuburg an der Donau 22, **86, 87** 87, 94
Neunstetten 31, 41
Neustadt an der Donau **109**
Nördlingen **61, 64, 65,** 65, **66, 70, 73,** 73
Nördlinger Ries 60–69, 73–75

O

Oberhofen **113**
Oettingen **62, 66,** 67, **69, 74,** 74
Ofnethöhlen 65, **118**
Ornbau **44,** 44, 57

P

Pappenheim 81, **93,** 93, 95
Pleinfeld 58
Pollanten 95

R

Riedenburg **54,** 111
Roth **14, 50,** 50, 58, 59
Rothenburg ob der Tauber **4, 7, 12/13,** 26, **26, 27, 39,** 39, 41
Rothsee 46, 59
Ruffenhofen 58

S

Schloss Baldern **67,** 67
Schloss Eggersberg 112
Schloss Ratibor **14/15**, 58
Schloss Sommersdorf **28**
Schulerloch 112
Sollngriesbach 71
Solnhofen 70, 71, **78, 80, 81,** 81, 82, 94, 95, **95, 118**
Spalt **48,** 49, 52, 54, 58
Steinheim 75

T

Thalmässing 95
Titting 54
Treuchtlingen 22, **93,** 93, 95

W

Wallerstein 74
Weißenburg **78, 79,** 79, **93,** 93
Wellheim 71
Weltenburg 54
Weltenburg (Kloster) **7, 18/19, 106, 107,** 113
Weltenburger Enge **107,** 113
Wemding **63, 68, 69,** 69, **74,** 74
Wildbad 29, **40**
Wolframs-Eschenbach 44, **45, 57,** 57
Wülzburg 79

Z

Zwölf Apostel **81,** 85, 94

Impressum

3. Auflage 2024

Verlag: DuMont Reiseverlag, Postfach 3151, 73751 Ostfildern, Tel. 0711 45 02-0, www.dumontreise.de
Geschäftsführer(in): Dr. Stephanie Mair-Huydts, Markus Schneider
Programmleitung: Andrea Wurth
Redaktion: Elke Schäle-Schmitt
Text: Barbara Rusch
Exklusiv-Fotografie: Ernst Wrba
Titelbild: huber-images/Reinhard Schmid
Zusätzliches Bildmaterial: S. 18/19 laif/Stefan Volk; 24/25 huber-images/Reinhard Schmid; 46 r. DuMont Bildarchiv/Georg Knoll; 98 o. r. DuMont Bildarchiv/Ralph Lueger; 106 o., 107 o., u. l. laif/Hans-Bernhard Huber; 120 l. mauritius images/Martin Siepmann; 120 r. mauritius images/Alamy/Jon Sparks, 121 o. l. mauritius images/BY; 121 o. r. mauritius images/Alamy/Pixel-shot; 121 M. huber-images/Reinhard Schmid; 121 u. lookphotos/Thomas Stankiewicz
Grafische Konzeption, Art Direktion: fpm factor product münchen
Cover-Gestaltung, Layout: CYCLUS · Visuelle Kommunikation, Stuttgart
Kartografie: © MAIRDUMONT GmbH & Co. KG, Ostfildern
Kartografie Lawall (Karten für „Unsere Favoriten")
DuMont Bildarchiv: Marco-Polo-Straße 1, 73760 Ostfildern, bildarchiv@mairdumont.com

Für die Richtigkeit der in diesem DuMont Bildatlas angegebenen Daten – Adressen, Öffnungszeiten, Telefonnummern usw. – kann der Verlag keine Garantie übernehmen. Nachdruck, auch auszugsweise, nur mit vorheriger Genehmigung des Verlages. Erscheinungsweise: vierteljährlich.

Anzeigenvermarktung: MAIRDUMONT MEDIA, Tel. 0711 45 02-0, media@mairdumont.com, http://media.mairdumont.com
Vertrieb Zeitschriftenhandel: PARTNER Medienservices GmbH, Postfach 810420, 70521 Stuttgart, Tel. 0711 72 52-212, Fax 0711 72 52-320
Vertrieb Abonnement: Leserservice DuMont Bildatlas, Zenit Pressevertrieb GmbH, Postfach 810640, 70523 Stuttgart, Tel. 0711 8 26 51-265, Fax 0711 8 26 51-333, dumontreise@zenit-presse.de
Vertrieb Buchhandel und Einzelhefte: MAIRDUMONT GmbH & Co KG, Marco-Polo-Straße 1, 73760 Ostfildern, Tel. 0711 45 02-0, Fax 0711 45 02-340
Reproduktionen: PPP Pre Print Partner GmbH & Co. KG, Köln

Printed in Germany